Schottland

Castles · Kilts · Clans
Ursprüngliche Landschaften

Werner Richner
Fotos

Hans-Christian Kirsch
Texte

G. Braun

Schottland

Castles · Kilts · Clans
Ursprüngliche Landschaften

G. BRAUN BUCHVERLAG

76133 Karlsruhe, Karl-Friedrich-Straße 14–18

Gestaltung: Robert Dreikluft

Satz: Barbara Herrmann, Freiburg

Lithos: Specht-Reprotechnik, Karlsruhe

Die Deutsche Bibliothek – CIP-Einheitsaufnahme

Schottland : Castles – Kilts – Clans ; ursprüngliche Landschaften /
Werner Richner ; Hans-Christian Kirsch. –
Karlsruhe : Braun, 1997
ISBN 3-7650-8163-9
NE: Richner, Werner; Hetmann, Frederik
Vw: Kirsch, Hans-Christian [Wirkl. Name] → Hetmann, Frederik

Inhalt

Ein Land voller Schafe, vom schottischen Wetter, von schottischen Errungenschaften und vom schottischen Humor

Ein Land voller Schafe! Tatsächlich, man könnte meinen, wenn man durch Schottland fährt, das Land sei ausschließlich von Schafen bevölkert. Man verstehe das nicht verächtlich. Man begreife es eher als romantisch-bukolische Huldigung. Diese in ihren Reaktionen oft etwas töricht wirkenden Tiere nehmen sich als Landschaftsornament unerhört beruhigend-friedlich aus. Wollgrasblüten auf einer Wiese. Sie besänftigen die Seele. Jedenfalls war dies das Ergebnis meiner Reflexion, als ich mir schon nach ein paar Stunden Aufenthalt in Schottland sicher war: dieses Land gefällt mir. In diesem Land werde ich mich wohlfühlen. Die Natur dominiert, das Lebenstempo ist langsamer als in Mitteleuropa. Und wenn die Schafe auf den Weiden mir eher wie Blüten vorkamen, so schien mir eine Herde Hochlandvieh immer ein Haufen verzauberter Clans-Männer oder befriedigt rastender Wikinger zu sein.

Und nun reden wir gleich einmal vom Wetter! Sagen wir es ehrlich heraus: wer Sonnenbänke im Freien sucht, Strände, die an angenehm temperierte Fluten grenzen, dem kann man nicht raten, nach Schottland zu fahren. Auch der Einheimische, in diesem Fall Robert Louis Stevenson, gibt das mit einem zähneknirschenden „matter-of-fact"-Realismus zu, der nicht untypisch für Schottland ist:

Wer ein idyllisches Land und die Wohltaten der Sonne liebt, wer düstere Wolken und das unablässige Ankämpfen gegen den Wind verabscheut, wird wohl kaum eine ungemütlichere und unangenehmere Wohnstatt als Schottland finden.

Das Wetter heute – bis morgen wagt man gewöhnlich gar nicht erst zu schauen! – ist in Schottland wichtigster Gesprächsgegenstand: im Pub, auf der Straße, im Geschäft, beliebtes Thema auch für Cartoonisten.

Na schön, man kann sagen, es sei immer schlechtes Wetter. Die Schotten aber sind in dieser Beziehung Optimisten. Kommt nach einem Tag, an dem es sechs Stunden geregnet hat – aber solche Tage sind selten – am Abend für eine halbe Stunde die Sonne, ehe sie untergeht, hinter der Wolkenbank hervor, dann heißt es: „War doch ein schöner Tag heute, nicht wahr?" Hinzufügen sollte ich, daß bedeckter Himmel in Schottland keine Katastrophe bedeutet, aber auch anmerken, daß es Wetterzustände gibt, bei denen sich der Weltuntergang vorzubereiten scheint, und die einen sehr wohl in melancholische Stimmung stürzen können.

Wie ist Schottland?, fragten die Leute, als ich nach einem Monat heimkehrte. Ja, wie ist es? Zunächst einmal wirkt es, was die Highlands, die Inneren und Äußeren Hebriden, die Orkneys und die Shetlands angeht, sehr nördlich, was ja auch objektiv stimmt. Man befindet sich auf der Höhe von Süd-Norwegen. Ich behaupte: man merkt das. Schwieriger schon ist es auszumachen, worauf der subjektive Eindruck beruht. Ich versuche es immerhin: Luft und Licht sind anders als im südlichen England, erst recht anders als in Mitteleuropa: nördlich-maritim, immer etwas windgeschwängert, auch wenn kein Wind geht, dennoch weich. Wenn man erfahren will, was Stürme sind, wirkliche Stürme, muß man nicht bis auf die Orkneys

gehen, wo der Sturm die Wasser wolkenkratzerhoch aufwühlt. Auch ein windiger Dezember- oder Januartag in Edinburgh genügt, um zu erleben, was in Schottland Wind bedeutet. Das muß man mögen, denn es schafft eine andere physische und psychische Befindlichkeit als jene, die man aus Deutschland gewohnt ist. Aber bleiben wir bei der Frage: Wie ist Schottland?
Ein Land der weiten Wiesen, der lieblichen Hügel, ausgedehnter Wälder, ruhiger, von Ebbe und Flut veränderter Buchten in den Lowlands, jenem Landstrich südlich von Glasgow und Edinburgh. In den Highlands: wilde Bergtäler, die Berge wie Festungen von Riesen, ein Land voller Seen und Meeresfjorde.
Ein Land mit zwei Großstädten, Edinburgh und Glasgow, beide völlig unterschiedlichen Charakters.
Ein Land, in dem Tourismus, der Export von Whisky, Lammfleisch und Lachs wahrscheinlich die wichtigsten Einnahmequellen im nationalen Budget darstellen. Ob das Golfspielen tatsächlich im 14. Jahrhundert in Schottland erfunden worden ist, indem Fischer auf dem Heimweg mit Stöcken Kieselsteine vor sich hertrieben, ist umstritten. Sicher hingegen ist, daß die berühmten dreizehn „Articles and Laws in Playing Golf" am 1. Mai 1744 im vornehmen Club der „Gentlemen Golfers of Edinburgh" aufgestellt worden sind. Allerdings wissen wir auch, daß schon 1457 ein schottisches Parlament Golf- und Fußballspiele verbot und die Forderung erhob, die so freiwerdenden Vitalkräfte zur Perfektionierung des Bogenschießens zu nutzen, was für die Heimatverteidigung wichtiger war.
Schottland: Ein Land, dessen Humor eher gedämpft wirkt und sich meist auf den Whisky, den Tod oder auf Geld bezieht!
Wie ist Schottland? Ein Land, das zu Großbritannien gehört und immer, bis heute, seine Selbständigkeit behauptet hat.
Ein Land, dessen größte Tageszeitung, „The Scotsman", eben wieder eine Studie veröffentlicht hat, wonach eine Unabhängigkeit im Rahmen Europas dem Land keine Nachteile, also Vorteile brächte.
Ein geschichtsträchtiges Land. In der Frühzeit kamen die Pikten, es folgten keltische Stämme aus Irland, Sachsen, Norwegen. Als die Normannen in England einfielen, flohen viele englische Adlige nach Norden. Nicht selten wurden sie in den Lowlands, an den „Borders", ansässig, aber ihre Nachkommen ritten später unter den „Eisenkappen" als Rinderdiebe bei Überfällen auf englische Nachbarn mit.
Ein Land, das ein eigenständiges Königtum entwickelte, in dem das gälisch-katholische Christentum vom römisch-katholischen verdrängt wurde, in dem zumindest seit 1295 die „Auld Alliance", also ein politisches Bündnis und starke kulturelle Beziehungen zu Frankreich, besteht.
Ein Land aber auch, in dem die Wikinger und die norwegischen Könige eine Rolle spielten, in dem über ein paar Jahrhunderte hin die Stuarts an der Macht sind, die Stuarts, die nach England und Frankreich heiraten, was zu fast ununterbrochenen Konflikten zwischen England und Schottland führte. Bis schließlich, seit dem Besuch des englischen Königs Georg IV. und während der Regierungszeit der Königin Viktoria eine neue romantisierende Schottland-Begeisterung ausbrach.
Ein Land, dessen Natur durch die Wirtschaft kaum beeinträchtigt wird, weil Schwerindustrie nach dem Niedergang der Schiffs- und Stahlindustrie selten geworden ist.
Ein Land mit einem kulturellen Erbe von europäischer Ausstrahlung. Um nur fünf Orte ziemlich willkürlich herauszugreifen, die nicht allein für schottische, sondern auch für europäische Kulturgeschichte stehen, Orte, deren Aura auf mich einen besonders nachhaltigen Eindruck gemacht haben: Skara Brae: jene zufällig ans Tageslicht gekommene menschliche Siedlung, die ungefähr von 3100 bis 2500 v. Chr. bestand. Iona: Colum Cilles Insel, Wiege des Christentums in Schottland, Entstehungsort des wunderbaren „Book of Kells", Friedhof von 48 schottischen, vier irischen und acht norwegischen Königen; Whithorn: Zentrum des britischen Handels während der römischen Besetzung des Südostens von England, in Galloway, im Südwesten der Lowlands gelegen, im Mittelalter Ziel von Wallfahrten aus ganz Nordwesteuropa, bis zu deren Verbot 1581 durch das (protestantische) schottische Parlament. Die St. Magnus Kathedrale in Kirkwall: aus rotem Sandstein errichtet, inspiriert von normannischer Bautradition. Schließlich, um die Moderne nicht zu vergessen, Hill House: erbaut von Charles Rennie Mackintosh für den Verleger Walter Blakie für 5 000 Pfund in Helensburgh bei Glasgow. Hill House, das weiße Haus über der Clyde-Mündung, Hill House – ein Haus als Gesamtkunstwerk, romantisch, märchenhaft und durchaus fraglich, ob im Alltag praktisch, aber von einer konzentrierten Schönheit.
Man müßte ein Wort zu Essen und Trinken sagen, zum Haggis als Fabeltier und als rituell servierte Speise: Der Haggissegen von Robert Burns muß darüber gesprochen, der mit Innereien und Hafer gefüllte Schafsdarm dann mit zwei Dolchen zerteilt werden! Zu reden wäre vom Hergang der Whiskyherstellung, und wie man Kennerschaft in der Beurteilung des „Lebenswassers" erwirbt. Zu preisen wären Schottlands Gärten und Parks: beispielsweise der von Inverewe im Norden, jener andere um das Macbeth-Schloß Cawdor Castle in den östlichen Highlands, die Botanischen Gärten von Edinburgh, Glasgow und Logan und der schier endlose Park um Castle Kennedy, die beiden letzteren in Galloway. Besser noch wäre es, einmal in der Woche dort spazieren gehen zu können.
Wer auf begrenztem Raum von einem Land erzählt, wird sich entscheiden müssen zwischen Information und der Wiedergabe persönlicher Erfahrungen, subjektiver Wahrnehmungen. Der Akzent liegt in den folgenden Texten eindeutig auf der Information. Vermitteln wollen sie ein Grundwissen, das man mitbringen sollte, wenn man nach Schottland reist. Die Seelenstimmung dieses Landes, das eben mehr ist als romantisch-archaische Szenerie, ist eingefangen in den Fotografien.

Rote Telefonzellen, oft auf freiem Feld, gehören zur schottischen Landschaft wie Heidekraut und Schloßruinen. Man kann von ihnen aus tatsächlich in München, New York oder Tokio anrufen.

Nächste Seite:

Eine übermächtige Natur, vor der sich die Behausungen der Menschen ducken, spiegelt dieses Bild aus den Highlands. Schottland als nordwestliches Landende Europas. Archaisches triumphiert.

Die Isle of Skye, Broadford Bay. Solche Ausblicke haben Felix Mendelssohn-Bartholdy zu seiner Hebriden-Ouvertüre inspiriert.

Blick zur Eddrachillis Bay – Landzungen, kleine Inseln.

Häufig sind es die graphischen Muster von Strand, Weiden, aufgestoßenem Fels, die vom Wind modellierten und von Sonnenlicht in blitzende Spiegel verwandelten Wasserflächen, die das Landschaftsbild, wie hier bei Heilarn am Loch Eriboll, prägen.

Auf der Kintyre-Halbinsel, bei Southend: Ein Haus, Felsen, zwei Boote zum Fischfang und um die Verbindung zur Zivilisation aufrechtzuerhalten.

Eben ist noch klares Wetter, und die Landschaft scheint von gläserner Durchsichtigkeit. Aber schon segeln von Westen breite Wolkenbänder heran. In ätherischem Blau verlockt ein Höhenzug am Horizont, auch noch dorthin zu reisen.

Ja, Schottland kann sich als südländische Idylle darbieten. Seine schönsten Schmuckstücke sind die Schloßgärten, die vor allem an der Ostküste und in den Lowlands dem Blumen- und Pflanzenfreund das Herz wärmen. Blick zum Loch Linnhe.

Wer die Muster der Tartans und Tweedstoffe gesehen hat und dieses Bild betrachtet, spürt, daß der Sinn für Farbgebung der schottischen Färber und Weber aus der genauen Beobachtung der Spiele von Licht und Schatten in der Natur herrührt.

Welche Heimsuchungen, welche Gesten von Stolz und Hochmut, wieviel Barbarei und Melodramatik mag dieses alte Gemäuer bei Maybol, Strathclyde, im Lauf der Geschichte gesehen haben?

Hier am Loch Shiel in den nordwestlichen Highlands beschwören schwarze Wasser, in Schatten gehüllte Wälder und der grasüberwucherte Berg eine würdevolle Ruhe, bei der dem streßgeplagten Mitteleuropäer ein Schauder überkommt.

Wenn sich je die Anderswelt, das Reich der Feen und Geister, irgendwo in der Realität offenbart, dann während des heraufdämmernden oder vergehenden Tages an den Stränden des schottischen Nordwestens.

Immer wieder stößt man auf das Zusammenspiel archaischer Natur und eleganter Architektur. River Shira Mündung am Loch Fyne.

Nächste Seite:

An der Südküste, hier in der Kirkcudbright Bay, bietet sich bei Ebbe überall ein ähnliches Bild: Schiffe, denen ihr Element fehlt; Schlick und Schlammrand zwischen Küste und See.

Fast alle Leuchttürme vor den Küsten Schottlands sind von den Vorfahren des schottischen Dichters Robert Louis Stevenson errichtet worden. Er hat ihnen in den „Records of a Family of Engineers“ ein literarisches Denkmal gesetzt.

Auch die stolzeste Fischereiflotte nimmt sich bei Ebbe so aus, als habe man sie schon auf den Schiffsfriedhof zum Verschrotten gebracht. Kirkcudbright, Dumfries and Galloway.

STEVEN
87

Champagner-Laune, Witz und ein gutes Stück Selbstironie legen diese jungen Lords an den Tag, die einer Vorstellung der Music-Hall entsprungen sein könnten. Wer oder was ihnen wohl an die Angel gehen wird?

Straßenmusiker in Edinburgh, die aussehen, als seien sie aus Glasgow in die Hauptstadt gekommen. Hier dürfte manch einer die Nase über ihren proletarischen Rock rümpfen.

Fässer sind wichtig: für das Bier und erst recht für den Whisky. Man kann nie genug davon haben. Whisky, das „Lebenswasser", ist auch ein belebender Beitrag zur Exportbilanz Schottlands. Und gewiß wird jeder bestätigen: Schotten verstehen es, „ein Faß aufzumachen"!

Edinburgh – Herz von Lothian, Hirn von Schottland „Pelzmantel, aber drunter nix!“

Um mit der bösen Nachrede zu beginnen: in Glasgow kann man am Tresen im Pub sagen hören, Edinburgh, das sei „west endy, east windy, all fur coat and nae drawers“. Was soviel heißt wie: die Konkurrentin gleiche dem Londoner Westend, werde zu häufig von Ostwind heimgesucht und sei eben doch keine ganz feine Dame (Pelzmantel, aber drunter nix!). Hingegen nannte sie Sir Walter Scott, der immerhin zwanzig lange Jahre in Edinburgh lebte, „meine ureigenste romantische Stadt“. Der Spitzname Edinburghs „Auld Reekie“ hingegen soll sich herleiten von dem Ruß und dem Gestank, der früher in der Alten Stadt allgegenwärtig war. Thomas Jefferson aber, der dritte Präsident der USA, lobte Edinburgh einmal als einen Platz auf der Welt, mit dem kein anderer konkurrieren könne.

Graziös, kultiviert und unabhängig: Was man aus der Geschichte der Stadt wissen muß

Graziös, kultiviert und unabhängig ist Edinburgh geblieben. Die Ausstrahlungen einer großen Vergangenheit prägen die Stadt. Ihre Geschichte beginnt im 7. Jahrhundert, als ein König aus Northumbria, Edwin, sich einer damals schon bestehenden Befestigung namens Din Eidyn (Fort des Eidyn) bemächtigte, die hinfort Edwin's Burgh hieß. Hingegen war es die Heilige Margarete, die Gemahlin König Malcolms III., die die Möglichkeiten des Platzes voll erkannte. Mit ihr kamen neue Vorstellungen über Regierung und Religion in den Norden; das Christentum setzte sich gegen den alten keltischen Glauben endgültig durch. Obwohl der Hofstaat in Dunfermline verblieb, ließ der König 1076 auf der Höhe des Felsens eine Kapelle bauen, die, zusammen mit der von Margaretes Sohn David I. errichteten Abtei von Holyrood, zum Ausgangspunkt für die Stadtentwicklung wurde.

Robert the Bruce verlieh dem Ort 1234 eine neue Charta und gab ihr die Gerichtsbarkeit über den nahegelegenen Hafen von Leith. Es war der mit dem Außenhandel in die Stadt getragene Wohlstand, der sie schließlich zur Hauptstadt von Schottland werden ließ.

Unter James VI. wurde 1582 die Universität gegründet, aber durch die „Union der Kronen“ 1603 verlor Edinburgh gegenüber London an Bedeutung. Die Vereinigung der Parlamente von Schottland und England 1707 war ein weiterer Schlag gegen das politische Prestige der Stadt. Immerhin führte der Erhalt einer schottischen Nationalkirche und eines selbständigen Rechts- und Erziehungssystems dazu, daß sie nie in den Provinzialismus abtauchte.

Daß in unserem Jahrzehnt Glasgow – und nicht Edinburgh – den Titel „Stadt der Architektur“ verliehen bekam, war für manche Bürger Edinburghs ein ebenso harter Schlag wie der Ausgang jener Abstimmung über Schottlands Unabhängigkeit, der zumindest vorerst die

Träume vom Aufstieg zu einer echten Hauptstadt zerplatzen ließ.
Heute leben in Edinburgh am Südufer des Firth of Forth 440 000 Menschen. Sie leben nicht mehr wie in der Vergangenheit von der Herstellung der drei „bs", nämlich „books, beer and biscuits" (Bücher, Bier und Kekse); statt dessen hat sich Edinburgh neben London zu einem der größten Finanzplätze Europas entwickelt.
Wer einen längeren Spaziergang durch die Neue Stadt unternimmt, die Firmenschilder an den gut erhaltenen oder renovierten „Georgian Houses" liest, wer die aufwendigen Computerinstallationen hinter den Fensterscheiben betrachtet, wird sich bald darüber im klaren sein, wer den Geldadel des heutigen Edinburgh darstellt.
Aber Edinburgh ist auch der Verwaltungssitz eines zentral gelenkten Landes, ist eine Stadt der Anwaltskanzleien, wobei erwähnt werden sollte, daß sich das schottische Rechtssystem von dem Englands grundlegend unterscheidet. Bei gleichem Sachverhalt kann ein Scheidungsurteil in Edinburgh völlig anders ausfallen als in London.
Aber nicht nur mit Finanztransaktionen und juristischen Schriftsätzen wird in Edinburgh Geld verdient. Die Stadt ist touristischer Anziehungspunkt, hauptsächlich während des Edinburgh-Festivals im Sommer. Die Universität hat immer noch einen hervorragenden Ruf in ganz Europa, Antiquariate und Antiquariatsbuchmessen sind eine Attraktion für Bibliophile.
Edinburgh und mit ihm ganz Schottland ist ein Paradies für Biertrinker. 700 Pubs auf nicht einmal eine halbe Million Einwohner sind eine stolze Zahl. Mein Lieblingspub ist „Tilers" am St. Andrews Square, demnächst hundert Jahre alt, wo das Bier in einer mit Art-Deco-Ornamenten geschmückten Halle ausgeschenkt wird. Bei den Bieren unterscheidet man Lager (unserem Export ähnlich) und Ale. Auch sehr gute irische Biere kommen in den meisten Pubs aus dem Faß.
Die meisten Touristen, die Schottland besuchen, werden in Edinburgh ankommen. Sie werden, auch wenn sie geflogen sind, sich der Stadt auf der Umgehungsstraße nähern, werden rechts und links der Straße die Ausläufer der Pentland Hills sehen – und auf ihnen eine kuriose Trockenskipiste. Am Horizont aber wird der Hausberg der Edinburgher auftauchen, ein erloschener Vulkan, Arthur's Seat, dessen Steilwände Alpinisten zum Klettertraining dienen.
Wenn man sich dann im Stadtzentrum umtut, wird man bald feststellen, daß Edinburgh eigentlich aus zwei Städten besteht: der Alten und der Neuen Stadt. Erstere liegt auf einem Felskamm zwischen der Burg und dem Holyrood Palast und wird durchzogen von der sogenannten Royal Mile, die Daniel Defoe, als er sich 1724 als Geheimagent der englischen Regierung hier aufhielt, als „die größte, längste und schönste Straße an Gebäuden und Anzahl der Bewohner in ganz Großbritannien, wenn nicht in der ganzen Welt", bezeichnete. Die Royal Mile, tatsächlich fast genau eine Meile lang, mit Burg und Schloß an den Endpunkten, zerfällt ihrerseits wiederum in vier verschiedene Straßen – Castlehill, Lawmarket, High Street und Canongate. Über fast jedes Haus hier ließe sich ein Roman schreiben. In Theodor Fontanes „Bilder und Briefe aus Schottland" kann man solche Skizzen zu historischen Novellen nachlesen.

Die Reichsinsignien, Heritage Industry und das Grab des Reformers unter dem Parkplatz

Beschränken wir uns darauf hinzuweisen, daß in der Burg die sogenannten „Honours of Scotland", die Reichsinsignien, nämlich Zepter, Schwert und Krone, aufbewahrt werden. Oliver Cromwell versuchte, ihrer habhaft zu werden, um sie vernichten zu lassen, aber sie wurden aus der Burg herausgeschmuggelt, zunächst in einer Dorfkirche versteckt, nach der „Union der Parlamente von England und Schottland" 1707 in einer Kiste verwahrt und erst 1818 von keinem Geringeren als Walter Scott wiedergefunden. Die Burg selbst stammt in ihrem ältesten Teil, der St. Margaret's Kapelle, aus dem 12. Jahrhundert. Zum letzten Mal umkämpft war sie 1745, als Bonnie Prince Charles nach seinem Sieg über die Engländer bei Prestonpans einen halbherzigen Versuch unternahm, Burg und Palast zu erstürmen. Heute ist der Burgberg vor allem als Aussichtspunkt auf die Neue Stadt zu seinen Füßen und bei klarem Wetter sogar bis zum Firth of Forth hin eines Besuches wert. Ehe man in den inneren Bereich gelangt, gilt es, die gewaltigen Installationen in der Esplanade zu durchqueren, die im Sommer die Besuchermassen des Military Tattoo, des Riesenspektakels der militärischen Dudelsackbläser, aufnehmen. Wir haben einen Edinburgher Bekannten, der uns erklärte, er würde uns überall in der Stadt hinbegleiten, nur nicht zum Tattoo. Uns erschien, schon allein nach den Fernsehbildern zu urteilen, das Tattoo als eine Orgie der sogenannten „Heritage Industry", wie man die touristische Vermarktung schottischer Historie zu bezeichnen pflegt. Musikalisch betrachtet besteht die Problematik darin, daß ein Dudelsack, wenn man ihn zu spielen beginnt, immer erst einen Mißton von sich gibt. Und wenn es wie beim Tattoo ein paar tausend Dudelsackspieler sind, sind es eben ein paar tausend Mißtöne. Eine solch kritische Bemerkung wird die Veranstalter des Spektakels kaum stören, denn die Karten sind bei Tausenden und Abertausenden Touristen, vor allem bei denen aus den USA, Japan und Deutschland, heißbegehrt.
Die Alte Stadt hat immer noch ihren ganz besonderen Reiz, besonders auch während des Edinburgh-Festivals. Dann nämlich preisen die kleineren Theatergruppen, die in der Stadt gastieren, hier ihre Auftritte an, und Bilder aus dem Mittelalter mischen sich mit heutigen. Heinz Ohff hat in seiner „Gebrauchsanweisung für Schottland" kritisch geschrieben:

Wenn einer gar nichts mehr besitzt, eines bleibt ihm doch: seine Vergangenheit. Aus ihr zieht Edinburgh, nicht ungeschickt, klingende Münze, wobei sich Chi-Chi und echte Tradition, Bluff und Folklore unauflösbar miteinander vermischen.

In der Tat ist hier den Verantwortlichen zur Vorsicht zu raten. Nur ein paar Schritte weiter in diese Richtung, und die von mir heiß geliebte Royal Mile könnte zu einer schottischen Drosselgasse verkommen. Ein trauriges Beispiel, das diese Gefahr andeutet, kann man auf dem Areal hinter der High Kirk of St. Giles besichtigen: Ein nur für Eingeweihte erkenntlicher Fleck bezeichnet auf dem Parkplatz die Lage des Grabes von John Knox, dem großen religiösen Reformer. Aber natürlich gibt es auch positive Beispiele. Phantasievoll: das „Museum für Kindheit“ mit seinen eindrucksvollen viktorianischen Puppenstuben und ägyptischen Puppen aus der Zeit um 1900 v. Chr. Einer gründlichen Umgestaltung scheint das „Writer's Museum“ in Lady Stairs Haus zu bedürfen. Allerdings wird das die Sammlung beherbergende Gebäude, das wahrscheinlich dem Einsturz nahe war, auch gerade umgebaut. Entdeckungen kann man immer noch in den „closes“ – den engen Durchgängen zwischen den Häusern – machen, deren Intimität immer wieder bezaubert. Und dann lohnt es sich, einmal kurz nach zehn Uhr am Vormittag in einen der vielen Pubs hineinzuschauen, vielleicht in denselben, in dem man gegen elf Uhr am Abend zuvor kaum Platz fand. Das späte und noch leicht schlaftrunkene Erwachen der Alten Stadt hat seinen besonderen Reiz.

Whisky als Nektar für den Kunstbetrieb, ein Festival soll die Wunden des Kriegs heilen helfen

Edinburgh als Stadt des Theaters und der Musik hat eine etwas kuriose Geschichte. Im 19. Jahrhundert baute man hier Galerien und Museen, um die Jahrhundertwende kamen Theater und ein ausgezeichneter Konzertsaal, die Usher Hall, hinzu. Gestiftet von einem Whisky-Magnaten, bestand bei letzterem Gebäude die Auflage, daß in den Foyers Alkohol ausgeschenkt werden mußte. Alkohol in Opern- und Konzertpausen ist auf dem Kontinent eine Selbstverständlichkeit, nicht so im presbyterianischen Edinburgh! Aber auch dort wurde er schließlich im Dienste des Kunstgenusses hingenommen. Wenn sich im Kulturleben der Stadt in den letzten vierzig Jahren vieles geändert hat, so schreiben das Kenner der Szene wie John Drummond, künstlerischer Leiter des Edinburgh International Festival in den Jahren 1978 – 1983, vor allem der Ausstrahlung der Kunstszene zu.

Von keinem künstlerischen Phänomen in der Geschichte Schottlands gingen seit der Aufklärung so nachhaltige Anregungen aus wie vom Edinburgh-Festival. Geboren wurde es in den letzten Monaten des Zweiten Weltkriegs, als der damalige Oberbürgermeister Sir John Falconer mit der Idee an die Öffentlichkeit trat, die Stadt wolle zur Heilung jener Wunden beitragen, die der Krieg auch kulturell geschlagen habe, nicht umsonst sei sie einst im Zeitalter der Aufklärung „das Athen des Nordens“ genannt worden. Zufällig traf Falconer mit dem Dirigenten Rudolph Bing zusammen, einem Flüchtling aus dem Nazideutschland, der damals in einem kleinen Theater in Glyndebourne in Sussex ein Festival von eher regionaler Bedeutung etabliert hatte. In Edinburgh selbst, wo man, wie der Volksmund weiß, immer erst dann zu applaudieren anfängt, nachdem man sich umgeschaut und andere klatschen gesehen hat, war die Reaktion zunächst eher gedämpft. Dennoch fand im August 1947 das erste Festival statt. Hauptereignis: Bruno Walter dirigierte die Wiener Philharmoniker. Damals schloß das einzige Restaurant in der Stadt, das eine Lizenz zum Ausschank von Alkohol hatte, um 21 Uhr. Die Hotels waren höchst bescheiden. Trotz solcher Unbequemlichkeiten zog das Festival sogleich Künstler und Publikum aus ganz Europa an.

Eine zweite Schwelle, die noch zu überwinden war, bestand darin, daß das Edinburgh-Festival zunächst vor allem musikalische Darbietungen bot, aber das nordisch-protestantische Schottland dem Genre „Oper“ skeptisch bis ablehnend gegenüberstand. Die Oper galt in Schottland als eine „laszive Kunstform“, die „nichts für uns ist“. Neue Hotels wurden gebaut, der Hauptbahnhof „Waverley Station“ herausgeputzt. Glasgow baute eine Oper, nicht so Edinburgh. Immerhin half der Auftritt von Stars wie die Callas, Nilson, Sutherland, Schwarzkopf und Gobbi, manche der lokalen Vorurteile aufzulösen.

So begann beispielsweise mit dem Besuch der Prager Oper in Edinburgh 1964 der Siegeszug des bis dahin weitgehend unbeachteten Opernkomponisten Leos Janácek. Drama, Ballett, Kammermusik waren immer wieder mit glanzvollen Aufführungen vertreten. Im Lyceum Theatre hatte T.S. Eliots „The Cocktail Party“ Premiere. 1979 zog die Kammermusik aus der Freemaison Hall mit ihrer Badezimmer-Akustik und ihren knarrenden Stühlen in die elegantere Queens Hall um. Hier wurden die Morgenkonzerte – „die beste Art und Weise aufzuwachen!“ – zu einer besonderen Attraktion.

The Fringe oder die Rebellion der Jungen gegen Stardust und Establishment

„The Fringe“ (der Rand) nahm seinen Anfang als Protest einer Anzahl schottischer Künstler, die von dem Edinburgher Kulturfestival ausgeschlossen geblieben waren. John Drummon schreibt:

Es hat immer scharfe Debatten gegeben, in welchem Ausmaß schottische Kunst und Künstler auf dem Festival vertreten sein sollten. Das einzige Kriterium, so meine ich, sollte das der Qualität sein, aber Nationalismus ist eine starke Kraft, gerade in den hohen Gebäuden der Alten Stadt. Hier wurde in einem Raum unterm Dach das herrliche Traverse Theater, das in seinen Innovationen beständigste kleine Theater seiner Zeit, geboren. In der „Fringe"-Werkstatt bestand Richard Demarco sehr zum Kummer der finanzierenden Behörden darauf, die Barrieren zwischen visuellen und schauspielerischen Künsten niederzureissen. Im schlimmsten Fall ist der Fringe desorganisiert, selbstbezogen und unreif. Im besten Fall hat er mit dem Haupt-Festival auf gleich zu gleich konkurriert.

Letztlich hat sich das Fringe-Programm in Edinburgh zu einer Probebühne des avantgardistischen Welttheaters entwickelt, zu einer einzigartigen Informationsmöglichkeit über den Nachwuchs an Theaterautoren und Regisseuren.

Eine Abtei, in der es einen gruselt, ein Park, eine Königin und zwei ermordete Männer

Ehe wir über die North Bridge oder den Mound in die Neue Stadt hinunterspazieren, sollten wir noch etwas beim Palast von Holyrood House und bei Holyrood Abbey verweilen. Ersterer ist mit jenem Teil der tragischen Lebensgeschichte Maria Stuarts, der in Deutschland weniger bekannt ist, eng verbunden.
In der Abbey, die sich heute als eindrucksvolle Ruine darbietet, hat sich von der normannischen Kirche, die König David bauen ließ, nur noch ein Stück Türsturz an der Südostecke erhalten. Alle anderen Mauerreste sind frühgotisch. Die Abtei war vor dem Palast da. Sie soll der Legende nach 1128 vom schottischen König David I. errichtet worden sein, der, in dieser Gegend auf der Jagd, von einem Hirsch aus dem Sattel geworfen wurde, dabei aber mit dem Schrecken und ein paar blauen Flecken davonkam. In der folgenden Nacht hatte der König einen Traum, der ihm nahelegte, an eben dieser Stelle eine Abtei errichten zu lassen. Wahrscheinlicher ist, daß sie von dem frommen König erbaut wurde, um hier eine besonders begehrte Reliquie, ein Stück vom Kreuz Jesu, aufzubewahren. Holyrood – „rood" ist das altenglische Wort für Kreuz – wurde später zu einem Wohnsitz der Könige, die es den zugigen Räumen der Burg vorzogen. Um Abteiruine und Palast erstreckt sich Holyrood's Park, eine natürliche Wildnis im Herzen einer modernen Stadt, die mit Gebirgen, Mooren, Sümpfen, Glens, Lochs und Feldern auf fünf Meilen im Durchmesser ein Schottland en miniature darstellt. Vom Südende des Parks ist es ein Spaziergang von einer halben Stunde hinauf zu „Arthur's Seat", jenem Vulkanfelsen, dessen Profil an einen zum Sprung ansetzenden Löwen erinnert.
Nun aber zur Geschichte der Maria Stuart und damit zu den beiden Dramen, die sich im Holyrood-Palast abspielten.
Maria Stuart wurde am 8. Dezember 1542 auf Schloß Linlithgow geboren. Wenige Tage nach ihrer Geburt starb ihr Vater, James V., an einer Wunde, die er sich in einem für Schottland unglücklich endenden Krieg gegen die Engländer, in der Schlacht von Solway Moss, zugezogen hatte. Es gab keinen männlichen Erben für den schottischen Thron, und der englische König Heinrich VIII. sah eine gute Gelegenheit, beide Länder durch die Hochzeit seines Sohnes mit der schottischen Prinzessin zu vereinen. Die sich daraus für Schottland ergebenden kriegerischen Aktivitäten der Engländer nennt man „the rough wooing", die rauhe Werbung. Inzwischen nämlich hatte die Königin-Mutter, Marie de Guise, durchgesetzt, daß ihre Tochter mit nicht ganz sechs Jahren von Dumbarton bei Glasgow aus nach Frankreich davonsegelte, wo sie den Dauphin Franz heiraten sollte. Zehn Jahre später, im April 1558, fand die Eheschließung der 16jährigen Maria mit dem 14jährigen Kronprinzen statt. Im November starb in England Mary Tudor, die Heinrich VIII. auf den englischen Thron gefolgt war. Da der französische König deren Halbschwester Elisabeth als illegitim betrachtete, sah es für einige Zeit so aus, als könne Maria Stuart Königin von Schottland, England und Frankreich werden. Zwar verzichtete sie 1560 im Vertrag von Edinburgh auf die englische Krone, aber im Dezember des gleichen Jahres starb der Dauphin, ihr Ehemann, an einer Ohreninfektion, und dessen jüngerer Bruder Karl wurde König von Frankreich.
In Schottland hatte unterdessen, angeführt von John Knox (dessen Wohnsitz man heute noch in der Royal Mile besichtigen kann), die calvinistisch beeinflußte Reformation stattgefunden. Knox, der nach der Ermordung des schottischen Primas Kardinal David Beaton von den Franzosen gefangen genommen und zur Galeere verurteilt worden war, hatte später im Exil unter anderem als Prediger in Frankfurt/Main und Straßburg gewirkt. Er war seit 1555 wieder in Schottland und versuchte mit seinen charismatischen Predigten an der Kirche von St. Giles, in Schottland einen calvinistisch ausgerichteten Protestantismus als Staatsreligion durchzusetzen.
Die Rückkehr der verwitweten, katholischen Maria Stuart nach 13jähriger Abwesenheit in ihre Heimat wurde, zumindest von der protestantischen Partei im Land, mit Skepsis betrachtet. Kennzeichnend für Knox' Einstellung ist der Titel seiner 1558 in Genf veröffentlichten Kampfschrift „The First Blast of the Trumpet against the Monstruous Regime of Women" (Erster Trompetenstoß gegen das monströse Regime der Frauen). Während Maria Stuart in religiösen Fragen durchaus eine tolerante Haltung einnahm, war Knox ein eifernder Fundamentalist und empfand eine Frau als Königin als einen Verstoß gegen die von Gott gewollte natürliche Ordnung. Die öffentliche Meinung ging dahin, daß eine Königin einen Mann an ihrer Seite brauche. Elisabeth, die durch ihre Regierungsführung diese Ansicht erfolgreich widerlegte,

war noch nicht lange genug im Amt. Die brisante Frage war nun, wen die noch junge Witwe Maria Stuart heiraten werde. Da Elisabeth von England unverheiratet geblieben war, konnte der Mann, für den sich Maria entschied, unter Umständen nicht nur König von Schottland, sondern auch englischer Herrscher oder zumindest doch Vater eines englischen Königs werden. Insofern konnte Marias Gattenwahl weder Elisabeth noch den Anhängern des Protestantismus gleichgültig sein.

Maria entschied sich schließlich für Henry, Lord Darnley, den ältesten Sohn des Earl of Lennox, einen Cousin. Da die Ehepartner Verwandte waren, mußte der Papst einen Dispens erteilen. Es war eine Liebesheirat, überliefert ist das Wort Marias vom schönsten, großgewachsenen Mann in ganz Schottland. Die Eheschließung mit Darnley fand am 29. Juli 1565 statt, aber die Verbindung erwies sich bald als ein fürchterlicher Irrtum.

Der junge König entpuppte sich als ein oberflächlicher junger Mann, dem Alkohol zugetan und ein Weiberheld. Maria war schwanger, aber die Entfremdung zwischen den Eheleuten nahm mehr und mehr zu. Bald munkelte man, Maria verbinde mit ihrem italienischen Sekretär David Rizzio, dem „schlauen gerissenen Ausländer", wie die schottischen Adligen ihn nannten, mehr als nur die gemeinsame Liebe zur Musik.

Am Abend des 9. März 1566 drang der eifersüchtige Darnley mit einer Gruppe von Adligen, denen der Ausländer zu hoch hinauf gelangt war, im Holyrood-Palast in die Gemächer der Königin ein. Man erstach Rizzio.

Die Königin war empört, unternahm aber vor allem wohl deshalb nichts, um das Schicksal ihres ungeborenen Kindes, des Thronfolgers, nicht zu gefährden. Der Prinz mit dem Namen James kam schließlich am 19. Juni 1566 auf der Burg von Edinburgh zur Welt. Nun schien die Zeit der Abrechnung gekommen. Die Königin erwog im Gespräch mit Vertrauten, sich von Darnley zu trennen. Ob sie von dem, was dann geschah, gewußt hat oder nicht, haben die Historiker mit letzter Sicherheit nie klären können. Während sie von ihren Zeitgenossen häufig als rücksichtslose, von ihren erotischen Wünschen getriebene Täterin angesehen wurde, neigt man in unserer Zeit mehr dazu, sie als das Opfer in einem rücksichtslos geführten Machtkampf ehrgeiziger, vor keiner Untat zurückschreckender Männer zu sehen.

Darnley war krank. Er hatte Pocken, vielleicht auch Syphilis. Jedenfalls lag er in dem Haus Kirk o'Field, unmittelbar an der damaligen Stadtmauer, zu Bett. Heute steht dort das Old College der Universität. Damals gehörte das Gebäude der Familie Hamilton. Bis zum Holyrood-Palast ist es nicht weit. Dort wurde in der Nacht vom 9. auf den 10. Februar 1567 die Hochzeit des Lieblingspagen Marias mit einem Maskenspiel gefeiert. Noch am späten Abend hatte die Königin Darnley besucht, der sich auf dem Weg der Besserung befand. Eine Aussöhnung zwischen dem Paar schien sich anzubahnen. Gegen zwei Uhr nachts erschütterte eine Explosion das Viertel. Am Morgen fand man Darnleys Leiche, nur mit einem Nachthemd bekleidet, in einem Garten außerhalb der Stadtmauer. Daneben lag sein Diener, ebenfalls tot. Keine der beiden Leichen wies Brandspuren, Schuß- oder Stichwunden auf. In Verdacht, die Tat geplant, sie vielleicht sogar auch selbst begangen zu haben, geriet der als außergewöhnlich gewalttätig und ehrgeizig bekannte Earl of Bothwell. Er wurde angeklagt, aber freigesprochen. Es kamen häßliche Gerüchte auf, Unruhen breiteten sich aus. Die Königin geriet in den Verdacht, vom Anschlag auf Darnley gewußt zu haben. Schließlich nahm Bothwell sie offiziell in eine Art Schutzhaft und brachte sie auf sein Schloß nach Dunbar. Tatsächlich hatte er sie zuvor vergewaltigt. Möglicherweise war sie auch von ihm schwanger. Um einen Skandal zu vermeiden, heiratete sie ihn am 15. Mai, nur drei Monate nach Darnleys Tod, in Holyrood.

Der Rest ist rasch erzählt. Nach all dem war der Ruf der Königin unwiederbringlich beschädigt. Pläne wurden gesponnen, sie vom Thron zu entfernen.

Im Juni 1567 „befreite" eine Gruppe schottischer Adliger Maria auf Bothwells Schloß Carberry Hill und setzte sie auf dem entlegenen Lochleven Castle gefangen. Man zwang sie, zu Gunsten ihres Sohnes abzudanken. Regent wurde ihr Halbbruder Moray, der weder in den Tod Rizzios noch in den Darnleys verstrickt war. Bothwell floh aus Schottland nach Norwegen, wo er 1578 geistesgestört im Kerker starb.

1568 gelang es Maria Stuart, aus Lochleven zu entkommen. Sie unternahm einen letzten verzweifelten Versuch, die schottische Königskrone wieder zu erobern, vergebens. Von Dumfries floh sie über den Solway Firth nach England. 18 Jahre lebte sie nun als Gefangene ihrer Cousine Elisabeth I. an verschiedenen Orten im Süden. Immer wieder gab es Verschwörungen unter dem Adel von Derbyshire und Lancashire mit dem Ziel, sie zu befreien. Man kann davon ausgehen, daß Elisabeth von England zu dem Todesurteil gegen Maria Stuart mehr gedrängt wurde und nicht selbst die treibende Kraft war. Am 8. Februar 1587 fiel der Kopf der ehemaligen Königin von Schottland unter der Axt des Henkers.

Eine Stadt unter der Stadt, die „closes" und wie die Alte Stadt ihre Abwässerprobleme zu lösen pflegte

Freilich ist die Alte Stadt mehr als nur die Royal Mile. Es lohnt sich, in Cowgate sich einer Führung durch das Labyrinth von unterirdischen Fluren und Räumen anzuschließen. Es entstand dadurch, daß man den Unterteil alter Häuser einfach stehen ließ und neue Gebäude darauf errichtete. Die Alte Stadt war ein Viertel, in dem der Adlige mit dem Bürger, der Prostituierten, dem kleinen Handwerker und dem Kriminellen Tür an Tür wohnte. Charakteristisch sind die sogenannten „closes", schmale

Durchgänge zwischen zwei Häusern, die meist in einen mehr oder minder geräumigen Innenhof oder bis zu einer der Parallelstraßen der Royal Mile führen.
Wenn die Alte Stadt heute wahrscheinlich mehr historische Gebäude pro Flächeneinheit aufweist als jeder andere Ort auf der Britischen Insel, so liegt gerade darin auch die Ursache für ihren Niedergang, dem erst zu unserer Zeit aus Gründen des Tourismus bewußt gegengesteuert wird. Robert Louis Stevenson, den mit Edinburgh eine Art Haßliebe verband, urteilt über die Alte Stadt, die schon zu seiner Kindheit eine exotische, vom wohlhabenden protestantischen Bürgertum geschiedene Welt war:

Sie (die Alte Stadt) wuchs unter dem Gesetz, welches das Wachstum innerhalb von Stadtmauern in besonderen Situationen regelt, und zwar nicht im Hinblick auf die Ausdehnung, sondern auf die Höhe und Dichte. Viele öffentliche Gebäude wurden, wo Platz war, mitten in Durchgangsstraßen gequetscht, Hauptstraßen zu Gassen verkleinert, Häuser schossen um ein Stockwerk nach dem anderen empor, bis die Leute dort zu vierzehnt oder fünfzehnt im Stehen schliefen wie in den schwarzen Löchern von Kalkutta.

Die hygienischen Verhältnisse waren dramatisch. Kot, Urin, Abwässer wurden aus der Höhe der Häuser einfach zu einem bestimmten Zeitpunkt am Abend in die Closes geschüttet. Der warnende Ruf, der der Abwasserbeseitigung vorausgehen sollte, unterblieb nicht selten. Häufig sind aus dieser Zeit die Klagen von Fremden, die aus dem Theater kamen und auf die es Kot regnete.

Ein Mann mit Doppelleben und zwei Leichenräuber

Direktes Vorbild für das Doppelleben des Helden in der Stevensonschen Erzählung „Der seltsame Fall des Doktor Jekyll und Mister Hyde" dürfte ein gewisser Major Thomas Weir, Befehlshaber der Cityguard, gewesen sein, der im Edinburgh des 17. Jahrhunderts lebte und dessen Eifer als Verfechter des presbyterianischen Glaubens sprichwörtlich geworden war. In seinem 69. Lebensjahr gestand er plötzlich ein, er habe sein Leben lang zusammen mit seiner Schwester in den Diensten des Teufels gestanden.
Auch eine weitere Erzählung, „Der Leichenräuber", die 1881 in Kinnairds Cottage entstand, hat als Ausgangspunkt ein Stück Edinburgher Stadtgeschichte. Sie bezieht ihre Anregung aus der realen Tätigkeit von William Burke und William Hare, die in einem heute verschwundenen Close am Westende des Grassmarket hausten. Dorthin lockten sie Personen, die neu in der Stadt waren, ermordeten sie und verkauften die Leichen für zehn Pfund an den prominenten Arzt Robert Knox, der an ihnen seine anatomischen Studien vornahm. Hare verriet seinen Partner, der schließlich 1829 hingerichtet wurde; er selbst kam als Kronzeuge frei.

Eine neue Stadt, vier Stockwerke tiefer

Die sogenannte Neue Stadt mit ihren georgianischen Gebäuden, die heute an die 200 Jahre alt ist, steht im völligen Kontrast zur Atmosphäre der alten Ober-Stadt. Ursprünglich nur als Wohnstadt gebaut, ist sie heute mit ihren Geschäften, Warenhäusern, Banken und Büros der eigentliche Mittelpunkt Edinburghs.
Ihre Existenz verdankt die Neustadt der Vision des Lord Provost, George Drummond, der sich 1725 angesichts der bedrückenden Enge und des Mangels an Grundstükken auf dem Höhenrücken der Royal Mile 1725 mit Plänen zur Stadterweiterung trug.
Erst 1759 kam es zur Trockenlegung des Nor'Loch unter dem Schloß, heute teils Parkanlage, teils Gleisgelände des Hauptbahnhofs. Zwischen 1763 und 1772 wurde die immer noch wichtige Nordbrücke gebaut, die die Alte Stadt mit dem Hafen von Leith verbindet.
1766 gewann dann der 22jährige Architekt James Craig den ausgeschriebenen Wettbewerb für die Planung der neu zu errichtenden Viertel und entwarf das bis heute erhaltene Muster.
Die zentrale George Street, flankiert von Plätzen im Norden und im Süden, parallel dazu Princes- und Queens Street, dazwischen zwei kleinere Straßen, die mehr gassenhafte Thistle- und Rose Street, mit Kutschenremisen, Werkstätten der Handwerker und Läden. Princes- und Queens Street sind nur auf einer Seite bebaut, um den Ausblick auf die Alte Stadt und hinunter nach dem Firth of Fife freizulassen.
Die Princes Street ist die belebteste Geschäftsstraße, aber bestimmt nicht die schönste unter den Straßen der Neuen Stadt. Durch den Bau der parallel verlaufenden Eisenbahnstrecke, deren Gleise man unter die „Gärten" versenkte, ergab sich der Nor'Loch Platz. Im Sommer bietet er für die hinreichend an kühle Außentemperaturen gewöhnten Edinburgher die Möglichkeit zu Picknicks mitten in der Stadt.
Die „Princes Street Gardens" werden zweigeteilt durch den Mound, der die Alte und die Neue Stadt verbindet. Er entstand durch Aufschüttung des Aushubs der Neubauten. Unübersehbar erhebt sich in dieser Gegend das 1840, acht Jahre nach dem Tod des Dichters, von den Bürgern Edinburghs zu seinem Andenken gestiftete Scott-Monument. Es zeigt ein bizarres Gemisch aus Romantizismus und nachempfundener Gotik, entworfen von einem in solchen Dingen unerfahrenen Zimmermann, George Meikle Kemp, der sein Werk nie zu Gesicht bekam, weil er vor dessen Fertigstellung im Union Kanal ertrank. Es umfaßt eine Statue Scotts in Schäferkleidung samt seinem geliebten Jagdhund. Die Außenwände zieren über 60 Statuetten, alles Gestalten aus Scotts Romanen.
Am Fuße des Mound liegen die Königlich-Schottische Akademie und die National-Galerie von Schottland.

Beide sind immer für interessante Ausstellungen gut. Drei weitere wichtige Orte für Ausstellungsfans sind die National Library of Scotland in der Alten Stadt, die Schottische Nationale Porträt-Galerie am östlichen Ende der Queens Street und die Schottische National-Galerie für Moderne Kunst, am nordwestlichen Rand der Neuen Stadt gelegen. Wenn man ohnehin dort draußen spazierengeht, sollte man unbedingt auch Deans Village einen Besuch abstatten, dem alten Mühlenviertel am kleinen Fluß Leith, das einen ganz eigenen Reiz hat. Vor seinem endgültigen Niedergang bewahrte es die Umwandlung der alten Mühlengebäude in moderne Wohnungen und Designerbüros, und heute ist Deans Village zur fashionablen Adresse der erfolgreichen jungen Geschäftsleute geworden.

Die intellektuelle Tradition Edinburghs: die schottische Aufklärung

Im Unterschied zu Glasgow, das in der Vergangenheit die Stadt der Schwerindustrie, aber auch der Architektur und des Designs gewesen ist, war Edinburgh die Stadt der Rechtswissenschaften, der medizinischen Forschung, der Philosophie, repräsentiert durch die schottische Aufklärung. Bezeichnenderweise wurde auch die älteste und umfassendste Enzyklopädie der englischen Sprache, die „Encyclopaedia Britannica", durch eine „Society of Gentlemen in Scotland" zwischen 1768 und 1771 in Edinburgh begründet.
Scottish Enlightment (Aufklärung) meint die Epoche zwischen der Glorious Revolution von 1688 in England und dem Tod des Dichters Sir Walter Scott 1832. Im engeren Sinn aber bezeichnet das Stichwort die Blüte schottischer Intellektualität zwischen 1750 und 1780. Der in diesem Zusammenhang wichtigste Name ist der von David Hume mit seiner „Scottish Science of Man". In seinem Bestreben, unnötige metaphysische Spekulationen aus der Philosophie zu verbannen, die Religion bei der Diskussion über Moral und soziales Verhalten auszuklammern, mit seiner Analyse der Rolle des Glaubens bei der Ausformung von Ideen und Werten, wurde er zu einem Philosophen, der die Vorstellung vom Menschen als gesellschaftlichem Wesen prägte, bestimmt von kulturellen und politischen Bindungen.
Die Weiterentwicklung dieser Lehre ging vonstatten durch Adam Smith, der in Glasgow lehrte und mit Hume eng befreundet war. Seine Schrift „Wealth of Nation" (1776) gilt noch heute als eines der Basiswerke moderner Volkswirtschaft. Es wird darin versucht, den genauen Ablauf des psychologischen und historischen Prozesses zu erhellen, unter dem sich menschliches Handeln und historische Veränderungen abspielen.
Die realen Konsequenzen dieser Schule lagen darin, daß Religion nicht länger die Meßlatte für öffentliche Moral und private Tugend abgab, sondern als eine Art privates Tröstungsmittel für ängstliche Gemüter hingestellt wurde. Zudem scheinen sich die Schotten in dieser Epoche, zu deren Prägung Edinburgher Intellektuelle entscheidend beitrugen, zu der Vorstellung bekehrt zu haben, eine engere Verbindung mit England sei vorteilhafter als vergangener nationaler Größe nachzutrauern.
Merkwürdigerweise trugen dazu nicht wenig die Dichtungen Ossians bei, jenes großen keltischen Barden, die der als Tutor an der Edinburgher Universität tätige James Macpherson in den Highlands und auf den Hebriden gesammelt, übersetzt und 1761/62 publiziert hatte.
Ossian wurde darin als ein Stammeshäuptling und Barde dargestellt, als letzte Verkörperung in der langen Linie keltischer Helden, deren Zivilisation sich überlebt hatte und zum Aussterben verurteilt war. So wurde er, wenigstens in der Interpretation eines Hugh Blair, zum Sprachrohr eines neuen sentimentalen Stoizismus', der den Menschen lehrte, sich in die unvermeidlichen Kräfte des Geschichtsprozesses zu fügen und das Vergehen einer Zivilisation, die auf ihre Art tugendhaft gewesen war, in großen rhetorischen Klagen zu verherrlichen.
Im Zusammenhang von Macphersons ganz Europa begeisternden Texten von „Fälschungen" zu sprechen, erscheint heute als nicht ganz korrekt. In seiner Zeit bedeutete Übersetzung oft eine Mischung von Adaption und Interpretation.

Robert Louis Stevenson: Edinburgher, Schotte, Weltbürger

Wer die großen Namen schottischer Literatur aufzählt, wird Scott, Burns, Macpherson und auch James Hoggs mit seinen „Confessions of a Justified Sinner" nicht vergessen. Vielleicht wird ihm auch einfallen, daß Thomas De Quincey (1785 – 1859), Autor des klassischen Erfahrungsberichts eines Drogenabhängigen „Confessions of an Opium Eater", erschienen 1821, die letzten dreißig Jahre seines Lebens in Edinburgh verbrachte und auf dem Friedhof der St. Cuthbert Kirche unter der Burg begraben liegt. Und er wird an Donan Doyle denken, der aus der Neuen Stadt von Edinburgh stammte. Und vielleicht wird er auch noch auf das kleine Dorf Cramond hinweisen, an dem der Almond in den Firth of Forth mündet und in dem Muriel Sparks Roman „The Prime of Miss Jean Brodie" angesiedelt ist.
Freilich weiß man in Schottland selbst auch um Robert Louis Stevensons enge Beziehung zu Edinburgh. Sein Werk wird allerdings nicht nur unter Literaturwissenschaftlern als das eines „Kinderbuchautors" oder als Verfasser von Abenteuerromanen häufig unter Wert gehandelt. Stimmen, wie die von Henry James, Jorge Luis

Borges und Graham Greene, die Stevensons Werk weit höheren Rang zumessen, werden häufig einfach ignoriert. Über eines aber kann es keine Meinungsverschiedenheit geben: Für die Kenntnis von Edinburgh in der zweiten Hälfte des 19. Jahrhunderts sind gerade jene Essays und Prosastücke, die leider nie ins Deutsche übersetzt worden sind, von kaum zu überschätzendem Wert. Zudem stammt Robert Louis Stevenson aus einer in ihrer Zusammensetzung für das schottische Bürgertum recht typischen schottischen Familie. Aber geben wir ihm selbst das Wort:

Ich, Robert Louis Stevenson, wurde geboren in Edinburgh 1850, den 13. November, mein Vater ist Thomas Stevenson, meine Mutter Margret Isabelle Balfour. Die Familie meiner Mutter, die Balfours von Pilrig, sind eine gute alte Familie aus der Provinz; über mehr als drei Jahrhunderte hin vor meinem Auftauchen sind die Balfours Richter, Advokaten und Prediger des Evangeliums gewesen und, wie ich glaube, verwandt mit vielen der sogenannten guten Familien Schottlands. (...)
Mein Vater und Onkel David sind die dritte Generation unter meinen Vorfahren, einem Smith und zwei Stevensons, die Ingenieure bei der Behörde für die Nördlichen Leuchttürme waren. Es gibt kaum ein Leuchtfeuer auf dem Meer von der Isle of Man hinauf in den Norden bis nach Berwick, das nicht jemand aus meiner Familie entworfen und gebaut hat, und ich habe mir oft überlegt, um eine Familie zu finden, die man mit der unsrigen vergleichen könnte, müßte man schon bis zu ägyptischen Pharaonen zurückgehen – auf so vielen Riffen und Landzungen ist der nicht sehr elegante Name von Stevensons mit einem Stift aus Eisen in Granit eingegraben. Wann immer ich Salzwasser rieche, weiß ich, ich bin nicht weit von den Bauten meiner Vorfahren entfernt. Der Leuchtturm von Bell Rock steht als Denkmal für meinen Großvater, der Skerryvor-Leuchtturm als ein solches für meinen Onkel Alan, und wenn die Lichter aufblitzen entlang der Küste von Schottland nach Sonnenuntergang, erinnere ich mich stolz daran, daß sie heller leuchten durch das Genie meines Vaters.

Eines Vaters, ist zu ergänzen, der einerseits ein pragmatischer, unerhört pflichtbewußter Ingenieur und Erfinder war, andererseits ein protestantischer Fundamentalist calvinistisch-presbyterianischer Prägung – und ein großer Reisender zu den entlegenen und unzivilisierten Standorten seiner Bauten, auf die er seinen einzigen Sohn nicht selten mitnahm. Der sollte zunächst auch Ingenieur werden; als sich das als Fehlstart herausstellte, wurde es mit einem Jurastudium versucht, das der junge Mann aus gutbürgerlichem Haus mit einer Zulassung als Anwalt abschloß. Am Ende wurde dann doch jener Autor daraus, der zeitlebens krank umherreiste, nach Frankreich, nach Davos, nach Nordamerika, schließlich nach Samoa und dem dort, als er 1893 starb, die Eingeborenen den Ehrennamen „Tusitala" (Geschichtenerzähler) verliehen. Geboren worden und aufgewachsen war Robert Louis Stevenson im Norden der Neuen Stadt am Howard Place 8 und in No. 17 Heriot Row. Entscheidend geprägt hatte das von klein auf kranke Kind seine Kinderfrau, Alison Cunningham (1822–1913), „Cummy, meine zweite Mutter, meine erste Ehefrau, der Engel meines kindlichen Daseins", wie Stevenson selbst sie beschrieben hat. Sein Biograph Ian Bell sieht in ihren zu striktem Gewissen erziehenden Glaubensvorstellungen, die sich mit heidnischem Aberglauben merkwürdigerweise gut vertrugen, die Wurzeln für die unheimlich-makabre Atmosphäre in vielen Geschichten des Dichters.

Wie sind die Schotten? Schottland ist undefinierbar. Ein Dichter versucht dennoch eine Definition

Von Stevenson kann man vieles über Edinburgh und manches über die Besonderheiten schottischer Wesensart erfahren. Fern der Heimat, die er kritisierte und doch liebte, in einem aufgegebenen Silberbergwerk Kaliforniens mit Frau, Sohn und Hund als ein früher Aussteiger hausend, notierte er:

Schottland ist undefinierbar, es besitzt keine Einheit außer auf der Landkarte. Zwei Sprachen, viele Dialekte, unzählige Formen der Frömmigkeit, zahllose lokale Patriotismen und Vorurteile trennen uns untereinander stärker als den äußersten Osten und Westen des großen Kontinents Amerika. Wenn ich daheim bin, erscheint mir ein Mann aus Glasgow als ein Rivale, ein Mann aus Barra mehr als ein halber Fremder. Aber laß uns einander in irgendeinem fernen Land begegnen, dann preisen wir die braes (schott. Hügel, Flußufer) von Manor und die braes von Mar. Rasch aufkommende Vorlieben schweißen uns auf der Stelle zusammen. Es ist nicht die Rasse. Seht uns an. Der eine sieht aus wie ein Norweger, der andere wie ein Kelte und ein dritter wiederum wie ein Sachse. Es ist auch nicht die Gemeinschaft der Zunge. Die besteht nicht zwischen uns, und wir haben alle fast bis zur Perfektion Englisch oder Irisch oder Amerikanisch parlieren gelernt. Es ist nicht das Band des Glaubens, denn jeder von uns verachtet die Irrtümer des anderen. Und doch sitzt irgendwo tief im Herzen eines jeden von uns das Verlangen nach dem alten Land und seinen alten freundlichen Menschen.

Wer Schottland näher kennenlernt wird begreifen, wie treffend diese Sätze jenes Gefühl der Zuneigung kennzeichnen, das viele Menschen für dieses Land empfinden.

Das Edinburgh Festival ist heute das größte Kunstfestival der Welt. Es fand zum ersten Mal, angeregt von dem österreichischen Dirigenten Rudolf Bing, 1947 statt. Hier der Eingang zum Festival-Büro.

180

Punker auf Calton Hill in Edinburgh. Spielerisch revidieren die beiden als Clowns aus einem Shakespeare-Stück Schottlands kriegerische Geschichte.

Wer Edinburgh als Tourist kennenlernt, wird selten beachten, daß dies auch eine Hafenstadt ist. Der Vorort Leith war ein Zentrum des Schiffbaus.

Nächste Seite:

In Newhaven befand sich früher der Fischmarkt von Edinburgh. Heute ist dieser Stadtteil eine eher häßliche Suburbia geworden.

Queensferry. Die Eisenbahnbrücke über den Firth of Forth wurde unter Verwendung von 50 000 Tonnen Stahl 1883 gebaut. Die Straßenbrücke stammt aus der Zeit zwischen 1954 und 1964 und ersetzte endgültig die 900 Jahre hier betriebene Fähre.

So betrachtet wirkt die Eisenbahnbrücke, ein Meisterwerk viktorianischer Ingenieurkunst, als bestünden ihre Träger und Spanten aus Zimtstengeln. Aber das ist nur Rost, der ständig wieder entfernt wird.

Kintyre-Halbinsel. Die Ankunft und die Abfahrt der Fähre sind hier die wichtigen Tagesereignisse, die nicht nur von Flaneuren beobachtet werden.

Drei Männer in Kirkcudbright. Die Zeit scheint hier langsamer zu fließen. Der Ort war eine Künstlerkolonie und hat – nach subjektiver Meinung des Autors – die gemütlichsten Pubs im Süden von Schottland.

Edinburgh, in *all its glory* und mit Segen von oben! Es ist nicht ohne Symbolik, daß man vom National Monument auf das Royal British Hotel hinsieht. Links die Silhouette der Burg. Im Hintergrund die Pentland Hills.

ROYAL BRITISH HOTEL

In den Gesichtszügen der Einwohner haben viele Völker ihre Spuren hinterlassen: Kelten, Römer, Skandinavier, Engländer, Afrikaner, Asiaten kamen und sind im Menschenbild präsent.

Schottische Regimenter hatten in der britischen Armee einen guten Ruf; die kühnen Entdecker vererbten Neugier und Wissensdurst; die Dorf-Philosophen bilden die Nachhut der Druiden.

Alltägliche Beschäftigungen mit Gelassenheit praktizieren: auch das ist Schottland. Zeit haben, Zeit genießen, auch das kann man in Schottland neu entdecken!

Einer von der Isle of Skye. Ein Torfrick aufzusetzen will schon gelernt sein, und die nächste Küste winkt manchmal, als ließe sich dort die Insel der Seeligen entdecken.

Ruhe, Stille, liebevoll gehegte Idyllen ohne Prunk mit sicherem Geschmack dafür, wie Blüten und Pflanzen rund ums Jahr das Haus und Garten schmücken. Den Sinn dafür wird man in Schottland überall antreffen und bewundern können.

Hier bei Dumfries in den Lowlands hat das englische Vorbild in der Häuserzeile seine Spuren hinterlassen. Die Grenze zu den Nachbarn im Süden ist nicht weit. Die Antennen auf dem Dach wachsen hier so üppig wie Rosen und Lilien in den Vorgärten.

Ein Mädchen von der Island of Arran. Wer dort hinfährt, kann wieder lernen, was Einsamkeit ist. Wer hier immer lebt, dürfte sich in seinen Träumen manchmal weit fortwünschen.

Greller Anstrich und ein neugieriger Blick. Der düsteren Tage sind viele, und die große Welt ist weit. Regnet es draußen immer noch? Oder tollen die Nachbarskinder schon auf der Wiese herum?

Auch am Loch Lommond haben, im Hinblick auf Touristen, die fast alle hierher kommen, die Anwohner ihre Cottages samt Gärten hübsch herausgeputzt.

Ein Crofter von der Isle of Skye. Crofter heißt Pächter. Viele wurden im 19. Jahrhundert zu Gunsten von Schafen von ihrem Pachtland vertrieben. Dieser hier ist schottisches Urgestein.

Was Wunder, daß Theodor Fontane Schottland einige seiner schönsten Balladen widmete. Immer wieder stößt man auf Winkel und Ausblicke, die einen zu einem Gedicht inspirieren könnten.

Häufig schimpft man in Schottland über den Regen. Doch man sollte bedenken, daß man ohne die reichlichen Niederschläge auf all die üppige Pracht der Vegetation verzichten müßte.

Merkwürdigerweise war es ein englischer König, einer der „Hannoveraner“, der den Kilt wieder in Mode brachte.
Heute findet sogar Mr. Miller aus Cincinatti in den Fachgeschäften der kleinen und großen Städte das Muster, das die Schenkel seiner Vorfahren mehr oder minder züchtig bedeckte.

Die westlichen Highlands und die Hebriden

Ehe ich nach Schottland reiste, machte mich eine Bekannte auf ein Buch mit dem Titel „Scottish Country" von Charles MacLean und Christopher Simon Sykes aufmerksam, in dem ich die folgenden Sätze las:

Nachdem ich die Spitze des Foinaven, einen uralten, zerklüfteten, hervorstechenden Hügel im äußersten Norden erreicht hatte, blickte ich auf ein endloses, baumloses Mosaik von Land und Wasser, das sich gegen seine Ränder hin im Küstendunst verlor und keine Anzeichen menschlicher Tätigkeit, gegenwärtiger oder früherer, aufwies. So weit ich in jeder Himmelsrichtung sehen konnte, sogar bis gegen Kap Wrath und den Pentland Firth hin, blickte ich auf Wildnis, schweigend, außer dem Wind oder einem gelegentlichen Vogelruf, ausgestreckt in unveränderbarer Düsternis und Unwirtlichkeit. Hier, so schien es, lag in entrückter Schönheit die quintessentielle Hochland-Landschaft. Das Bild bestätigte das Image von grenzenloser und unberührter Natur, mit dem wir so bereitwillig schottische Landschaft identifizieren, einer Gegend, die in letzter Zeit als der letzte Strich wilden unversehrten Landes in Europa geschätzt wird.

Als Freund von Wüsten und Wildnissen war ich gespannt darauf, ob ich eine solche Szenerie mit eigenen Augen zu Gesicht bekommen würde. Dies war, vor allem in den nordwestlichen Highlands und auf den Inseln, dann sehr häufig der Fall. Immer wieder fielen mir dabei die Sätze aus jenem Buch ein, die mich so stark beeindruckt hatten. Jetzt verblaßten sie angesichts der Wirklichkeit, ohne daß ich selbst Worte gefunden hätte, die anschaulich und stark genug gewesen wären, die Landschaft der Highlands zu beschreiben.

Es desillusionierte mich ganz und gar nicht, daß ich letztlich keine Urlandschaft vor mir hatte. Ursprünglich nämlich war ganz Schottland mit üppigen Wäldern bedeckt, mit dem in seinen Ausmaßen gewaltigen kaledonischen Fichtenwald, der über die Jahrtausende hin zerstört worden ist. Indem man die Bäume fällte und die Büsche abschlug, später dann durch zu intensive Nutzung der Weiden, entstand jene Wildnis, die wir heute als archaisch bewundern.

Eine Wüstenei, so entrückt wie die Steppen Afghanistans, und das nötige Telegramm über die frühe Historie

Noch vor zweihundertfünfzig Jahren war für die meisten Menschen Europas der Begriff Schottland beschränkt auf eine ungefähre Vorstellung der Lowlands, also jenes Landstrichs zwischen der Linie Edinburgh und Glasgow im Norden und den „borders", der Grenze zu England, die durchaus nicht immer quer von Osten nach Westen über die Insel verläuft, sondern gelegentlich auch von Norden nach Süden. Dort waren, wie man hörte, die südlichen Lairds und Großgrundbesitzer, angeregt durch eine Revolution in der Landwirtschaft, dazu übergegangen,

Bäume neu zu pflanzen und die Gegend in jenen pastoralen Park zu verwandeln, als der er sich dem Besucher heute darbietet. Der ganze Nordteil Schottlands hingegen war im Bewußtsein jener Leute, die in Londoner Salons Tee tranken und Konversation machten, eine einzige Wüstenei, bewohnt von Wilden – von London, ja selbst von Edinburgh aus waren die Highlands so entrückt wie die Steppen Afghanistans. Bis heute ist der Unterschied zwischen Highlands und Lowlands auffällig, und es ist sowohl ein Unterschied in der Topographie wie in der Mentalität, in der Geschichte, in den Sitten, im Dialekt; ein Unterschied, durchsetzt mit vielen Vorurteilen bei High- wie Lowlandern. Letztlich waren es vier Völkergruppen, die das gälische Schottland – und das sind vor allem die Highlands und die Inseln – zu einer besonderen kulturellen Einheit werden ließen.

Ein buntes Völkergemisch, aber immer ging's wild zu und zur nationalen Einheit war's ein langer Weg

Zur Zeit der römischen Invasion (im Norden 80 n. Chr.) bewohnte ein Volk, das die Kaledonier genannt wurde, das Gebiet zwischen dem Tal des Tay und dem Großen Glen. Zwei Ortsnamen in Perthshire erinnern noch heute an das ehemalige Siedlungsgebiet dieses Volkes: das Gebirge Shiehallion auf dem Moor von Rannoch, „dem Feenhügel der Kaledonier", und ein zweiter Hügel, Dunkeld, „das Fort der Kaledonier".

Die ursprüngliche kaledonische Föderation umfaßte mehrere Stämme: die Taezali ganz im Nordosten; die Lugi in Sutherland; die Decante im östlichen Ross, die Smertae zwischen Lugi und Caereni im nordwestlichen Sutherland. Die mächtigen Kaledonier stellten für die Römer eine ständige Bedrohung dar. Diese errichteten zwischen 122 und 136, von Bridgenes am Forth bis Old Kilpatrick am Clyde, den Hadrianswall und hatten dort bis 154 drei Legionen stationiert. Aus Irland kamen die Scots mit ihren Schiffen zu Raubzügen an die Westküste. Auch die Pikten aus dem nördlichen Schottland schlossen sich den Angriffen an. Gegen Ende des 5. Jahrhunderts war Schottland nicht mehr ein Land von siebzehn oder mehr Stämmen; es hatten sich inzwischen vier Königreiche gebildet. Das größte Reich war das der nördlichen und südlichen Pikten.

Die zweite Volksgruppe, die nun eine Rolle spielte, die Scots, gaben dem Land den Namen und die gälische Sprache. Sie kamen von der irischen Westküste in die Highlands. Schottland bedeutete Land der Scots oder Scottio. Sie siedelten in Dalriada (Argyllshire) und auf den angrenzenden Inseln. Sie waren schon Christen, behielten allerdings viele heidnisch-keltische Vorstellungen bei. Obwohl Dalriada das kleinste unter den erwähnten Königreichen war, stellte es den ersten König eines vereinigten Schottlands. Das dritte Volk schließlich waren die Briten von Strathclyde und das vierte die Angeln, deren Gebiet sich bis zum Firth of Forth erstreckte.

Die vier Königreiche lagen ständig im Krieg miteinander, aber die Bekehrung von dreien zum Christentum machte schließlich die Vereinigung möglich. 843 wurde Kenneth MacAlpin König der Pikten und Herrscher der Schotten. Die Bedrohung durch die Angeln wurde 785 in der Schlacht von Nectan's Mere in Angus endgültig gebannt. Kenneth MacAlpin dehnte sein Reich weiter aus. Er konnte zwar die Angeln nie entscheidend besiegen, blieb aber König von Alba. Es dauerte aber bis zur Schlacht von Carha um 1018, ehe unter Malcolms Enkel Duncan I. Schottland unter dem heutigen Namen in die Geschichte eintrat. Noch war es ein Gebiet, das weder die Orkneys und die Shetland Inseln, noch große Teile von Nordschottland und die Hebriden einschloß.

Die Herzöge von Argyll lassen bitten – mit ihren Untertanen verfuhren sie weniger freundlich

Wir sind von Edinburgh über Glasgow, vorbei am Loch Lomond, nach Inveraray und dann weiter über Kilmartin nach Oban gefahren, dem Absprungspunkt hinüber nach Mull und Iona, zwei wichtigen Inseln in den Inneren Hebriden, um dann über Fort William und den Kyle of Lochalsh nach Skye hinüberzugelangen. – Von dort aus ging es zum Inverewe Garden und nach Ullapool, jenem Hafen, den vor der Aufhebung der deutschen Teilung häufig die Heringsfangflotten der DDR besuchten. Danach kamen wir auf der Reise nach Scrabster, als Absprungspunkt nach Stromness auf den Orkneys, durch jene Gegend, in der die Natur gegenüber dem Menschen scheinbar völlig dominiert. Es ist dies ein dünn besiedeltes Land, oft weiß man nicht, ob man an einem Meeresfjord oder einem Binnensee entlangfährt. Wer Einsamkeit sucht, Natur, die in sich ruht, wer Großstädte, ihre Hast und den Streß einer fordernden Arbeitswelt vergessen will, findet hier oben nördlich-rauhe Paradiese. Die beschriebene Route ist gut geeignet, um sich einen ersten Eindruck von den Highlands zu verschaffen, weil sie einen die Vielzahl der Teillandschaften und die regionalen Unterschiede in den Highlands selbst erleben läßt. Im übrigen gilt der Rat, den uns Klaus, ein „Aussteiger", bei der Besichtigung von Inveraray Castle, als Schloßführer fungierend, gab, einer jener Leute, die ihr Herz für immer an die Highlands verloren haben und nirgend anders mehr leben wollen. Als die Führung zu Ende war, sagte er mit einer Handbewegung gegen den Loch Fyne und die umliegenden Wälder: hineingehen müsse man in diese Wildnis, dort umherstreifen, erst dann kann man

sagen, man kenne Schottland. Was Inveraray zu bieten hat, ist nicht nur in seiner Umgebung eine postkartenwürdige Highland-Landschaft; der kleine Ort ist auch das klassische Beispiel für eines der zahlreichen nach Plan und Order der Obrigkeit im 18. Jahrhundert errichteten Städtchen.
In diesem Fall befahl 1775 der dritte Herzog von Argyll, Haupt des mächtigen Campbell-Clans, den alten Ort abzureißen, weil er Platz für sein Schloß brauchte. Die Untertanen siedelte er in eine neuangelegte Mustersiedlung um. So ist das Städtchen Inveraray heute ein vollkommenes Ensemble schottisch-georgianischer Architektur. Das herzogliche „castle" hingegen wirkt, nicht zuletzt durch seine Anbauten, so, als habe es eine Feenschar von der Loire in die Highlands versetzt. Freilich begriffen wir angesichts der ornamenthaft angeordneten Waffensammlung dort auch, daß die Highlands früher eine recht kriegerische Gegend gewesen sein müssen. Zu den touristischen Attraktionen von Inveraray gehört seit kurzem auch die im Loch verankerte „Arctic Penguin", ein Dreimastschoner, gebaut 1911 in Dublin, in dem eine Ausstellung über die maritime Geschichte der Clydemündung gezeigt wird.

Was ist ein Clan? Die Highlander als gebildete Viehdiebe, und schon die Nordleute holten sich in den Highlands blutige Nasen

Inveraray ist der Stammsitz des mächtigen Campbell-Clans, einer jener großen schottischen Familien der Highlands, die im Laufe der Geschichte nahezu immer auf der Seite des englischen Königshauses, also auf der Seite der Sieger, gestanden hat. Übrigens ist es den Campbells als Herzögen von Argyll auferlegt, bei einem Besuch eines Angehörigen des englischen Königshauses im Sommer jeweils einen Schneeball, im Winter aber eine Rose bereitzuhalten, ein Brauch, der einem Rätsel aus einem Märchen gleicht. Ehe ich von der Verwicklung der Campbells in die blutigen Geschehnisse des Jahres 1692 berichte, muß ich noch kurz erklären, welche Bedeutung in den Highlands die Clans hatten und womit sich die Highland-Clans, abgesehen von ihren Fehden untereinander, bei den sich zivilisierter dünkenden Lowlandern so beliebt machten.
Nahezu alle Highland-Clans haben ihren Ursprung in Irland, echte Clan-Namen erscheinen im 10., 11. und 12. Jahrhundert. Die meisten Genealogien werden zurückgeführt auf Loarn, Sohn des Erc, einen jener drei Brüder, die Ende des 5. Jahrhunderts in Argyllshire das Königreich Dalriada gründeten. Die MacDonalds, die sich „Herren der Inseln" nennen, führen ihre Ahnenreihe auf die Ciolla Uais aus Irland zurück. Die Campbells scheinen rein fiktiven Ursprungs, und die MacLeods und Nicholsons haben starke nordländische Elemente in ihren Stammbäumen. Das Konzept des Clans unterscheidet sich von dem des Stammes, indem der wesentliche Gesichtspunkt des Clans die Blutsverwandtschaft ist, während der Stamm (tuath) eine territoriale Basis besaß. Das Wort „clann" bedeutet Nachkommen, Kinder. Clansmänner trugen einen gemeinsamen Namen, und dieser Name leitete sich von einem gemeinsamen Ahnen her, der in einigen Fällen eher eine heidnische Gottheit gewesen sein dürfte als eine historisch-reale Person. Von daher genoß ein Clanchef halb göttliches Ansehen, seine Entscheidungen hatten absolute Geltung, wie er auch unbedingte Loyalität fordern konnte. Er war der tatsächliche Besitzer des Landes, das er an die Clansmänner verlieh, die ihm dafür Abgaben zahlten und im Kriegsfall Waffendienste leisteten. Frühe Aufzeichnungen zeigen, daß es das Clansystem in Schottland mindestens seit dem 6. Jahrhundert gab. Bei Loyalitätskonflikten zwischen König und Clanchef hatte letzterer immer den Vorrang. Jeder Clanchef hatte seinen Poeten oder Barden, der die Taten seines Herrn zu preisen und seinen Tod zu beklagen hatte. Der Dudelsack war ursprünglich ein Instrument der Kriegsmusik. Der kreischende Ton sollte den Feind verunsichern. Die Pfeifer wurden in besonderen Pfeiferschulen ausgebildet. Eine der berühmtesten war die von Boreraig; sie hatten die Dudelsackspieler der MacLeods von Dunvegan absolviert.
Die Clans wurden in Notzeiten mit dem „Fiery Cross" zu einem besonderen Versammlungsplatz zusammengerufen. Zwei Männer trugen jeweils einen Stamm, dessen Holz über dem Feuer geschwärzt worden war, durch das Clangebiet und riefen dazu die militärische Parole. Sobald sie müde wurden, löste man sie ab. Jeder Mann griff daraufhin sofort zu den Waffen und eilte zur Sammelstelle, um die Befehle der Clanchefs entgegenzunehmen. Jeder Clan hatte ein besonderes Kriegsgeschrei – so riefen die Camerons „Hundesöhne, kommt her und holt euch euer Fleisch!" Zudem waren die Clanmitglieder auch an besonderen Abzeichen zu erkennen, und heute weisen sie ihre Zugehörigkeit durch das Muster ihres Tartans aus. Aber das war nicht immer so. Die MacDonalds erkannte man früher an einem Sträußchen Heidekraut; dementsprechend war auch ihr Kriegsruf, nämlich: „froach". Die Grants trugen Fichtenzweige, die MacIntishes eine Stechpalme. In gewissem Sinn war die Wahl der Abzeichen durch etwas bestimmt, was in der Gegend wuchs, aber es ist denkbar, daß man den als Abzeichen gewählten Pflanzen ursprünglich auch magische Wirkung zuschrieb.
Die Clans waren häufig untereinander bis aufs Blut verfeindet, und man könnte Bände mit Berichten über solche Clanfehden füllen. Die reichen Gegenden in den Lowlands waren ein beliebtes Ziel ihrer Raubzüge, bei denen sie vor allem die Viehherden forttrieben. Da die Highlands damals schwer zugänglich waren, war es schwierig, die Räuber zu verfolgen oder gar zu belangen.

Glencoe: Ein Kriegsverbrechen und seine Benutzung durch die nationale Propaganda

Die grausige Geschichte der Ereignisse in Glencoe steht mit dem Versuch Williams III. in Zusammenhang, diesen Raubzügen und Konflikten mit Rache und Gegenrache endgültig ein Ende zu setzen. Am 27. August 1691 erließ er in London eine Generalamnestie für alle Highland-Clans, die sich gegen die englische Krone oder ihre Nachbarn vergangen hatten. Freilich unter der Bedingung, daß die Clanchefs bis zum 1. Januar 1692 den Treueeid auf ihn leisteten.

Die Konflikte zwischen den MacDonalds als Vertretern der alten Highlander Lebensart und den Campbells als Bundesgenossen der englischen Krone reichen über Jahrhunderte hin.

Widerwillig begab sich der Clanchef der MacDonalds, Alastair, in das verhaßte Inveraray, um dort den Eid durch seine Unterschrift zu bestätigen. Das Wetter war ungewöhnlich schlecht gewesen, so daß er zwei Tage zu spät kam. Drei Tage ließ man ihn dann noch warten, ehe man ihm die Dokumente zur Unterschrift vorlegte. Er war also dem Angebot des Königs nachgekommen, wenngleich mit fünftägiger Verspätung. Er selbst sah sich und seinen Clan damit abgesichert. Was er nicht wußte, war, daß es zumindest zwei einflußreiche Leute, den Innenminister Dalrymple of Stair und John Campbell, gab, die entschlossen waren, die MacDonalds endlich mit Stumpf und Stiel auszurotten. Ihnen kam es gerade recht, daß der alte Alastair sich verspätet hatte. Eine Streitmacht war in Inverlochy bereits zusammengezogen worden. Sie setzte sich nun unter Befehl von Captain Robert Campbell of Glen Lyon, einem 60jährigen Alkoholiker und Spieler, in das Glen von Coe, das Herzland des MacDonald-Clans, in Marsch.

Campbell quartierte seine zwei Kompanien in den Häusern der MacDonalds von Glencoe ein, die die Soldaten zehn Tage bewirteten. Am 12. Februar kam Befehl aus Inverlochy, alle MacDonalds unter siebzig um fünf Uhr am folgenden Morgen umzubringen. Obwohl die Nichte des Captain mit einem Sohn des Clanchefs verheiratet war, kam dieser dem Befehl nach, mit seiner Streitmacht von 130 Mann mehrere hundert Menschen, die über zehn Quadratmeilen verstreut wohnten, aufzuspüren und zu töten. Unter den an dem Unternehmen beteiligten Offizieren und Mannschaften trugen etwa ein Dutzend den Namen Campbell. Das Massaker kostete insgesamt 38 MacDonalds das Leben, 300 entkamen in die Berge. Viele von ihnen starben vor Hunger und Kälte.

Es war der irische Journalist Charles Leslie, der die Ereignisse von Glencoe einer breiten Öffentlichkeit zur Kenntnis brachte. Aber es dauerte drei Jahre, bevor sich ganz oben etwas regte. Nie gab es während dieser Frist so etwas wie eine Rüge an die Adresse der Verantwortlichen für den grausigen Bruch der den Highlandern heiligen Gastfreundschaft. Sir John Dalrymple, der letztlich verantwortliche Minister, wurde kurz aus der Schußlinie genommen, feierte aber bald sein politisches Comeback.

Die Nachwirkungen des Glencoe-Massakers. An Wirtshäusern liest man noch heute: „Keine Hunde, keine Campbells!"

Ohne die Ereignisse von Glencoe und ihren emotionalen Zündstoff läßt sich nicht verstehen, warum sich später relativ viele Highlander dem am 23. Juli 1745 in Eriskay auf den Äußeren Hebriden landenden jakobitischen Kronprätendenten Prince Charles Edward Stuart anschlossen, einer bei näherem Hinsehen gegenüber seiner nationalen Verklärung menschlich wie politisch eher fragwürdigen Gestalt. Glencoe ließ sich als Schlagwort für antienglische Propaganda damals wie heute gut verwenden. Bezeichnend für die lange Ausstrahlung des Glencoe-Massakers war die Bemerkung des natürlich campbell-treuen Schloßführers in Inveraray, der die Aktion der Campbells als pure Notwendigkeit zur Herstellung von „Law and Order" und zur Überwindung des überlebten Clan-Systems hinstellte. Tatsache ist: ihren endgültigen Todesstoß erhielt die überkommene Gesellschaftsordnung der Highlander durch das Scheitern der jakobitischen Rebellion 1746 in der Schlacht von Culloden. Doch davon wird im Kapitel über die östlichen Highlands noch ausführlicher zu reden sein. Im übrigen soll es heute noch in den Highlands an Wirtshäusern Verbotsschilder geben, auf denen zu lesen steht: "No dogs, no Campbells."

Hinüber zu den Inneren Hebriden: nach Mull und Iona, wo die Anderswelt plötzlich im Diesseits erscheint

Ich weiß noch, daß an jenem Tag, als wir mit der Fähre von Oban nach Mull übersetzten, Regen und Nebel nicht wichen. Alles triefte vor Nässe. Die Sicht ging manchmal nur ein paar Meter weit. Dann rissen Dunst und Nebel plötzlich wieder auf. Mit der Zeit stellte sich durch das sich verdunkelnde und aufhellende Licht, das rinnende Wasser und die Seltenheit menschlicher Behausungen ein Zustand her, der mich an die Beschreibungen der Anderswelt in keltischen Märchen erinnerte. Ja doch, wir bewegten uns in einem Märchen: Ein solcher Zustand des Zwielichts, der stundenlang anhält, muß Folgen für die Seele haben. Er versenkt einen ohne Schlaf in den Bereich des Unterbewußten. Wir durchquerten das ein-

same Mull in östlicher Richtung und setzten dann von Fionnphort nach Iona über.
Mit wieviel Erwartung hatte ich dem Friedhof der Könige und der Abtei entgegengeblickt! Und nun schüttete es vom Himmel herab, was niedrig hängende Wolken bei ihrer Atlantiküberquerung aufgesogen hatten. Ich sagte mir dann schließlich irgendwann, auch der heilige Colum Cille habe wahrscheinlich häufig mit einem solchen Wetter zurechtkommen müssen, was meine Achtung vor ihm als Schottland-Missionar nur noch erhöhte.
Die Legende will es, daß der im Jahr 521 in Donegal Geborene ein direkter Nachfahre des irischen Königs, Niall von den Neun Geiseln, gewesen ist. Ein Streit darüber, wem die Abschrift eines Buches gehöre – das Urteil lautete: wie das Kalb zum Mutterrind, so die Abschrift zum Original – und Colum Cilles Einmischung in einen Mordfall führten zur Schlacht von Cooldrumman. Erschrocken über die hohe Zahl der Gefallenen, für deren Tod er sich anklagte, beschloß er Buße zu tun und eine peregrinatio, eine Pilger- und Missionsreise ans Ende der Welt zu unternehmen. Dies war damals Iona, wo er sich mit zwölf Glaubensgenossen im Jahre 563 niederließ. Offenbar gab es schon damals das Ungeheuer im Loch Ness. Auf seiner Missionsreise aber zähmte der fromme Mann das wilde Biest, das schließlich ganz zahm sein Boot geschleppt haben soll.
Tatsache ist, daß Iona zum geistigen Zentrum eines von Rom zunächst weitgehend unabhängigen Christentums wurde, zu einem Sitz der Gelehrsamkeit und religiöser Kunst. Hier entstand das später vor den räuberischen Wikingern in Sicherheit gebrachte „Buch von Kells", heute ausgestellt in der Bibliothek des „Trinity College" in Dublin. Zwei Faktoren waren es, die den Niedergang Ionas als Zentrum des keltischen Christentums herbeiführten: ein starker Druck von Seiten der etablierten, immer stärker von Rom beeinflußten Amtskirche und eine Folge von Wikingerüberfällen, der schließlich im Jahre 803 an die 68 Mönche zum Opfer fielen.
Im 11. Jahrhundert entstand auf der Insel ein Kloster der Augustiner. Was sich dann vollzog, wiederholte sich als Muster an vielen Orten Schottlands. Im 13. Jahrhundert wurde daraus ein Benediktinerkloster. Die Reformation verfuhr mit dem geistigen Zentrum der Papisten gnadenlos. 350 Steinkreuze, die über die Insel verteilt standen, wurden zerstört. Später gab es immer wieder Pläne, die Abtei in die Kathedrale der Insel umzuwandeln. Schließlich schenkte der Herzog von Argyll, dem die Gebäude gehörten, diese der Church of Scotland, die die Klosterkirche bis zum Jahr 1910 restaurierte. Neues geistiges Leben begann sich 1938 zu regen, als George MacLeod, um den sich eine Gruppe von Studenten und Künstlern scharte, eine Gemeinschaft gründete, die nun die Überreste der Klostergebäude wieder herrichtete. Was als ein nur von Männern gebildeter, gälisch sprechender und strikt presbyterianisches Dogma praktizierender Zusammenschluß begann, hat sich unterdessen zu einem ökumenischen Laienorden entwickelt.
Die große Ansammlung von Königsgräbern auf dem Friedhof der kleinen Insel, benannt nach Oran, dem Bruder des Heiligen Colum Cille, erklärt sich aus der Legende, daß die heilige Erde von Iona alle Sünden auslösche und die Insel selbst bei einer zweiten Sintflut noch aus dem Wasser ragen werde.
Keines der noch vorhandenen Gebäude stammt aus der Zeit Colum Cilles. Die heutige Abtei datiert von der Ankunft der Benediktiner um 1200, wurde im 15. und 16. Jahrhundert umgebaut und ab 1900 restauriert. Allein die drei Hochkreuze vor der Abtei stammen aus der Zeit zwischen dem 8. und 10. Jahrhundert und sind mit den piktischen Schlangenmustern und mit keltischen Spiralen verziert, für die die christlichen Steinmetzhandwerker auf Iona berühmt waren. Bemerkenswert: Das Kloster wurde an die Nordseite der Kirche angebaut, wo fließendes Wasser die Beseitigung der Fäkalien übernahm.
Oban, wohin wir nach dem Ausflug nach Mull und Iona zurückkehrten, ist ein lebhaftes Hafenstädtchen. Unübersehbar auf der Höhe über dem Meer McCaig's Folly, eine Imitation des Colosseums in Rom. Geplant von einem Bankier vor hundert Jahren, um einerseits die örtliche Bauindustrie zu beleben, andererseits um sich ein Familienmausoleum anzulegen, war das Gebäude beim Tod seines Stifters noch nicht fertiggestellt, und die Erben stoppten den aufwendigen Bau.

Tweed: Ein berühmter Stoff, der einem Schreibfehler seinen Namen verdankt

Das Wort Tweed geht auf den Schreibfehler eines Kaufmanns in London zurück, der 1826 in einer Rechnung statt „tweels", der schottischen Bezeichnung für „twills" (Köper), „tweeds" schrieb. Aufträge für weitere „Scottish tweeds" wurden getätigt. Die neue Bezeichnung für grobes Wolltuch setzte sich durch und wurde zu einem Qualitätsbegriff für die kratzige Uniform des modebewußten „country gentleman". Man hört häufig, daß der echte schottische Tweedstoff ausschließlich von den Äußeren Hebriden komme. Tatsächlich wird auch in vielen Fabriken und kleinen „mills" in den Highlands Tweed hergestellt. Lediglich Harris Tweed ist eine Handelsmarke, die nur für Stoffe von den Äußeren Hebriden verwendet werden darf. Längst, ehe der „clo mor", der große Stoff, weltweit berühmt wurde, war er ob seiner Haltbarkeit, Wärme und Widerstandsfähigkeit gegenüber Wind und Regen von den „crofters", den kleinen Pachtbauern, für den Eigenbedarf hergestellt worden. Charles MacLean berichtet darüber:

Das Tuch wurde daheim im Verlauf eines Jahres gefertigt, und die gesamte Familie war daran beteiligt. Sobald die Schafe spät im Sommer geschoren worden waren, wurde die Wolle in einer Lauge mit Naturfarben, zu der

Heidekraut und Wildpflanzen verwendet wurden, aufbereitet. Während der langen Winterabende kardierten und verspannen die Frauen sie dann zu Garn. Dieses wurde schließlich von den Männern auf den Handwebrahmen weiterverarbeitet. Im Frühling lag der Tweed dann für den Schlußprozeß des „fulling" (füllig machen) und „waulking" (walken) bereit, eine Tätigkeit, an der die gesamte Gemeinde beteiligt war. Die Frauen sangen bei dieser Arbeit gälische Lieder und kneteten dabei das wasserdurchtränkte Tuch ständig durch. In den Liedversen improvisierte man über alle Aspekte des Insellebens.
1840 erkannte Lady Dunmore, die Ehefrau des Großgrundbesitzers, dem die Insel Harris gehörte, die hervorragende Qualität des Tuches, das die Inselbewohner herstellten, und versuchte, diesen Stoffen einen größeren Markt zu erschließen. Unter ihren Freunden in England fanden sich bald genügend Kunden, die Kleidungsstücke in den raffiniert gemischten, gedeckten Farbtönen praktisch und schön fanden. Man fertigte daraus Jackets und Hüte, die auf dem Ansitz bei der Jagd oder beim Fischen getragen wurden.

Dank der Umsicht Lady Dunmores wurde 1909 zum Schutz des regionalen Handwerks die Harris Tweed Association gegründet. Bis heute wird von ihr das Garn an Weber auf den Inseln Harris, Lewis, The Uist und Barra ausgeteilt, das diese dann auf ihren eigenen Stühlen verweben. Die Gebäude erkennt man an den Tweedballen, die im Umkreis der Hütten in der Heide ausgelegt sind. Das Tuch wird nach der Schlußbearbeitung abgeholt und in den Faktoreien mit dem Gütesiegel versehen.
Puristen behaupten, daß für die Standardisierung ein sehr hoher Preis gezahlt worden und die individuelle Prägung des Stoffes verloren gegangen sei. Aber unter den älteren Leuten gibt es immer noch solche, die die Wolle nach eigenen, nur ihnen bekannten Rezepturen einfärben, auf hölzernen Handrahmen verweben und das weiche, dichte und lebendige Tuch, den echten Harris Tweed, herstellen. Ihre Auftragsbücher sind, ungeachtet des hohen Preises, immer wohlgefüllt – so hört man.

Erfahrung auf Skye: „Er schüttelte den Kopf, deutete in eine bestimmte, unerforschte Richtung, und indem er in die Dämmerung davontrieb, winkte er wie ein Geist, ihm zu folgen"

Immer wieder versuchte ich die Eigenart bestimmter Inseln der Inneren und Äußeren Hebriden zu fassen. Ich fand Worte, wußte aber genau, daß die Bilder der Natur – ein nebelverhülltes Bergmassiv, der Blick auf die schon im Sonnenschein daliegende Inselkette der Äußeren Hebriden, während über Skye noch Finsternis dräut und es nieselt, eine Steilküste, ein Pfad durch eine Wiese zu einer Burgruine hin – energiegeladener sind als meine Worte. Und so nehme ich Zuflucht zu etwas, womit sich manch anderer vor mir auch schon beholfen hat. Ich erzähle eine Geschichte, eine Geschichte, die fast ein Jahrhundert zurückliegt und sich heute vielleicht zwar nicht mehr ganz so zutragen könnte wie damals, aber das Sein, die Atmosphäre dieser Insel genauer evoziert als jede Beschreibung von Wind, Wetter oder Topographie.
Ich bin ganz allein hier, schrieb 1865 der aus Edinburgh stammende Dichter Alexander Smith von einem Aufenthalt im Herzen der Cuillin Berge auf Skye, es könnte eine Invasion über England kommen, London könnte fallen, ich würde nichts davon mitbekommen.

Und weiter: Zu diesem Platz kommt kein Postbote, kein Steuereinzieher. Diese Gegend hat nie den Klang von Kirchenglocken vernommen. Das Land ist noch so heidnisch wie vor tausend Jahren, als blondhaarige Reiter hier landeten. Ich gerate selbst in diesen heidnischen Zustand. Da ich keine Kerben mehr in meinen Stock mache, habe ich die Zeitrechnung verloren, kann Samstag nicht von Sonntag unterscheiden.

So erlebte ein junger Mann gegen Ende der Regierungszeit der Königin Viktoria die Cuillin-Berge und geriet dort in einen Alptraum: Er und seine beiden Freunde befanden sich plötzlich in einer Wildnis aus nacktem Stein und glasartig schimmernden Lochs, um sich ein Massiv zerklüfteter blauschwarzer Berge, zwischen denen ihnen der Wind aus Wagners Walküren-Ritt vorzuspielen schien. Sich selbst unter dem namen MacIain Mor fiktionalisierend, legt der junge Mann zwei Jahre nach seiner Reise in der „Celtic Monthly" seine Reiseerfahrungen nieder. Mit zwei Freunden kam er an einem schönen Sommerabend im Hauptort der Insel, in Portree, an, und die drei Touristen beschlossen, gleich am nächsten Tag bis ins Herz der Cuillins vorzudringen, zum Loch Coruisk, einem verwunschenen Fleck Wasser, den schon Walter Scott seinen Lesern ehrfurchteinflößend und als kaum je von einem menschlichen Augen betrachtet angepriesen hatte.
MacIain und seine Freunde packten einen Lunch ein, nahmen einen Kasten mit Wasserfarben und eine einfache Karte mit und bestiegen dann die Kutsche zum Sligachan Hotel, dem Ausgangspunkt zu Wanderungen in den Gebirgsstock. (Auch wir machten dort Halt und empfanden diese Siedlung auch heute noch sehr einsam gelegen.) Im Hotel wiesen die Engländer die angebotenen Dienste der lokalen Bergführer zurück und brachen allein zu Fuß gegen Süden auf.
Sehr bald wußten sie nicht mehr, wo sie sich befanden. „Nach einem uns erschöpfenden Weg stießen wir endlich rein zufällig auf Loch Coruisk." Es war noch früh am Nachmittag. Man rastete und verzehrte seine Sandwiches. Dann brach man in der Richtung auf, in der man das Hotel vermutete. Bis sechs Uhr waren die drei Wanderer noch auf keine menschliche Behausung gestoßen, gegen acht Uhr, es begann nun langsam zu dämmern, „überkam uns die schreckliche Gewißheit, daß wir uns in den Cuillins völlig verlaufen hatten."
Eine halbe Stunde stritten sie sich, erwogen ihre Möglichkeiten, beklagten ihr Schicksal. Dann hörten sie einen Hund bellen. Sie rannten auf das Geräusch zu und stießen schließlich auf einen einzelnen Mann. Die drei Touristen

redeten ihn auf Englisch an, aber er schüttelte nur den Kopf, deutete in eine bestimmte Richtung, verschwand langsam im Dunst und winkte ihnen zu, ihm zu folgen. Nach einer weiteren halben Stunde erreichten die drei Männer und ihr unheimlicher, nichtansprechbarer Führer einen einsamen, mit Felsen übersäten Strand. Unglaublich angesichts der Entlegenheit des Flecks, standen da drei Hütten zwischen schmalen Schuppen und gepflügten Äkkern. Sie folgten ihrem Retter in ein Haus und

... fanden sich in Gegenwart eines alten Mannes, der über 90 Jahre alt sein mußte. Unser Führer sprach einige Wort zu ihm in Gälisch, dann unterbrach ihn der Alte und fragte uns, wer wir seien und woher wir kämen.

Sie waren in die Gastfreundschaft eines Highland-Prosperos hineingestoßen worden, eines Herzogs im Exil in seiner einsamen Zelle. Der alte Mann gab ihnen zu essen und zu trinken und führte sie dann zu einer Leiter. Oben auf dem Boden gab es sieben mit Heidekraut gefüllte Kastenbetten. Sie wickelten sich in die Plaids, die ihnen ihr Gastgeber hinaufreichte und schliefen den Schlaf von Geretteten.
Als sie immer noch etwas verwirrt am Morgen herabkamen, stießen sie auf eine ältere Frau. Sie erzählte ihnen, der Platz heiße „Creachban" und sei seit 200 Jahren in Familienbesitz. Das Familienoberhaupt war ein Mann von 98 Jahren und hieß MacLeod. Sein Großvater, Donald MacLeod, hatte als junger Mann auf Seiten der Jakobiter bei Culloden mitgekämpft.
Als die Touristen sich an den Strand wagten, begegneten sie dort dem alten Angus, umgeben von acht ausgewachsenen großen Männern. Dies, sagte er, seien seine Söhne. Zwei von ihnen seien auf Urlaub von ihrem Regiment daheim, zwei seien bei den MacLeods von Dunvegan angestellt, die übrigen vier bewohnten mit ihren Frauen und Kindern die umliegenden Hütten. Sie fischten und bebauten die dünne Erde um Creachban.
„Wir müssen zurück nach Portree", erklärte MacIain. Aber davon wollte der alte Mann nichts wissen. Einmal im Jahr kämen alle Familienmitglieder zusammen und feierten eine Woche lang. Die drei Fremden mußten also bleiben. Man stimmte schließlich zu, wenigstens eine Nachricht nach Sligachan zu schicken, daß die Touristen wohlauf seien, und dann begannen Tage, die ihnen wie ein Traum vom Elysium vorkamen.

Die ganze Familie, erinnerte sich MacIain später, beteiligte sich an Wettkämpfen im Steinestemmen, Holzstammwerfen, Laufen, Springen und Ringen. Am Abend tanzten wir zum Ton des Dudelsacks, den der alte Angus von den MacCrimmons als junger Bursche hatte spielen gelernt. Angus MacLeods Haus enthielt ein Zimmer, das verschlossen war und vergitterte Fenster hatte. Es barg Waffen, Schäfermesser mit Gold und Silber eingelegt, Broschen und Trophäen, die die Familie bei den verschiedenen Highlandwettkämpfen gewonnen hatte. Es gab da auch noch eine Lochaber Axt, die Donald MacLeod Fünfundvierzig mit sich geführt hatte, einen Sessel und eine Tonpfeife, die, wie uns ehrfürchtig berichtet wurde, Charles Edward Stuart benutzt hatte, als er die Häuser während seiner Wanderungen besuchte.

Man ging fischen, suchte nach Seemöweneiern. Man spielte „shinty", eine Art Hockey, erstieg den nahegelegenen Hügel.
An einem Montagmorgen kündigten die beiden Söhne, die auf Urlaub aus der Armee da waren, an, sie müßten jetzt zurück zu ihrem Regiment in Edinburgh und würden die Besucher in die zivilisierte Welt zurückgeleiten. MacIain Mor und seine zwei Freunde sagten dem alten Mann Adieu und vertauschten das Zeitsegment aus dem 18. Jahrhundert, indem sie gen Norden nach Sligachan wanderten, mit dem des 19. Jahrhunderts.
Später, auf dem Dampfer von Portree, fiel ihnen das sorgenvolle Gesicht des jungen Donald MacLeod auf, wie dieser die Gipfel der Cuillins am Horizont versinken sah. Es war der letzte Blick, den der Soldat auf Creachban und seine Gebirgsfestungen werfen konnte. MacIain Mor berichtet, daß MacLeod kurze Zeit danach im Burenkrieg fiel.
Wir wissen nicht, ob MacIain Mor jemals wieder in sein gälisches Avalon zurückgekehrt ist. Möglich, daß er es gar nicht mehr fand. Einen Flecken Creachban am Wasser in den Cuillins gibt es heute nicht mehr. Aber ehe die drei Touristen von dort Abschied nahmen, hatte ihnen Angus MacLeod zum Andenken noch eine geschnitzte Schnupftabakdose geschenkt, in die die Worte „Caraid anns an fhasach – Von einem Freund in der Wildnis" eingeritzt waren. Es soll Leute geben, die bei Antiquitätenhändlern auf Skye heute noch nach ihr Ausschau halten.

Inverewe – ein Zaubergarten im hohen Norden oder welche Wunder der Golfstrom tut

Es war einmal ein Mann, der wurde in den Highlands in Western Ross, etwas nördlicher noch als die Nordspitze von Skye auf dem Festland, mit zwanzig Jahren zum Besitzer eines Anwesens von 12 000 Hektar mit Pächtern und einer beträchtlichen Fläche unfruchtbaren Heidelandes und Moor.
Western Ross ist ein Land der Gebirge und der Fluten. Auf einer Breite von 57.8 Grad N. ist es von dort zum Polarkreis näher als von St. Petersburg aus und stellt eine der vom Wind am heftigsten gebeutelten Küsten der Welt dar. Niemand hätte es Osgood Mackenzie übel genommen, wenn er lediglich das Waldland wiederhergestellt hätte, das seine Vorgänger leichtsinnig abgeholzt hatten, ehe er das Ödland 1862 übernahm. Statt dessen setzte er sich in den Kopf, sein Leben darauf zu verwenden, dort einen großen Garten und Park anzulegen, der heute dem „National Trust for Scotland" gehört und ohne Übertreibung zu den schönsten, und, was die Vielfalt der ausländischen Pflanzen angeht, reichhaltigsten Blumen- und Baumgärten der englischen Insel, wenn nicht ganz Nordwesteuropas gehört.

Der Fels, aus dem große Teile des Areals bestehen, ist übrigens der rötliche Torridonische Sandstein, ein Sedimentgestein, entstanden aus Lagen von Sand, die so fest zwischen Gneis und jüngere Sedimente gepreßt wurden. Über sehr lange Zeit ist dieses Gestein keiner Veränderung mehr unterworfen gewesen – erstaunlich, wenn man hört, daß es schon vor 800 Millionen Jahren entstanden ist, und wenn man an die evolutionären Veränderungen denkt, die sich seither abgespielt haben.
Zunächst baute der sich auf einem Foto als grimmiger Rauschebart in Schottentracht darbietende Osgood Mackenzie ein Haus auf einem felsigen Vorgebirge im Loch Ewe. Das Haus sah nach Osten auf die nahegelegenen Hügel und – in etwas weiterer Ferne – auf die Bergspitzen von Torridon. Dann kam hinzu der „walled garden" für Gemüse, Obst und Blumen, wie man ihn auch in der Umgebung anderer Schlösser und Burgen Schottlands häufig findet – selten aber in so üppiger Pracht wie hier. Ihn setzte Mackenzie auf ein künstlich erhöhtes, terrassiertes Ufer. Da die Kiesel am natürlichen Ufer für den Pflanzenwuchs unbrauchbar waren, ließ er als Ballast auf Handelsschiffen, die nach Irland verkehrten, Erdreich mitbringen und füllte damit die Terrassen auf.

Die Terrassengärten der Italiener in Europas kalten Norden versetzt: so spleenig kann nur ein Schotte sein

Mackenzie, der auf der damals üblichen „Grand Tour" viel in Europa gereist war, hatte dabei die Terrassengärten der Italiener kennengelernt, die er in Inverewe nachahmte. Als er den Besitz kaufte, gab es auf der gesamten Halbinsel nur einen einzigen Baum, eine Zwergweide, die auf einer dünnen Schicht schwarzen Torfs wuchs.
Nun schickte sich Mackenzie an, auf einem Raum von hundert Hektar einen Wald anzulegen. Vorwiegend pflanzte er skandinavische Fichten, aber auch sonst jede Baumart, die sich beschaffen ließ: Birken, Vogelbeeren, Eichen, Buchen, Erlen, korsische und österreichische Fichten wurden angeliefert. Und für jedes Pflanzloch mußte von auswärts auch Erde herbeigeschafft werden.
Mit an Eigensinn grenzender Entschlossenheit, in der er sich von keinem Rückschlag, verursacht vor allem durch die salzträchtigen Seewinde, beirren ließ, gelang es Mackenzie tatsächlich, bis 1880 die Halbinsel um sein Haus zu bewalden.
Inzwischen hatte er genügend Erfahrungen mit dem Klima gesammelt, so daß er sich nun daranmachte, innerhalb der die Pflanzen schützenden Fichtengehölze eine Kollektion weit empfindlicherer Bäume und Sträucher einzusetzen. So entstand bis zu seinem Tod 1922 der Grundstock zu der gewaltigen Pflanzensammlung, die heute für die Öffentlichkeit zugänglich ist. Mackenzie holte sich Pflanzen aus allen Ländern der gemäßigten Zone in der nördlichen und südlichen Hemisphäre. Dabei beruht deren Gedeihen auf schützenden Baumarten und die durch den Golfstrom milden Winter an dieser Küste.
Erstaunlich ist, daß in Osgood Mackenzies Memoiren unter dem Titel „Hundert Jahre in den Highlands" nur ein kurzes Kapitel Wald und Garten gewidmet sind, während die weit größeren Abschnitte von seinen Jagd- und Fischabenteuern und der Folklore der Highlands erzählen. Nach Mackenzies Tod ging das Areal in den Besitz seiner Tochter Mairi über, die unter anderem den Felsengarten vor dem Haus anlegte und die heute schon hochgewachsene türkische Eiche im Nordosten des Hauses pflanzte. Seit 1952 ist die Anlage im Besitz des National Trust for Scotland. Es ist unmöglich, die Vielzahl der Bäume, Sträucher und Blumenarten zu beschreiben, wohl aber läßt sich die seither angestrebte Grundkonzeption erklären. Im ummauerten Garten ist dies die Balance zwischen Blumen, Obst und Gemüse. Im Wald hat man versucht, Bäume und Sträucher mit ausgedehnten Blütezeiten besonders zu hegen, um die jährlich bis zu 130 000 Besucher von Inverewe zu erfreuen. Vier besondere Art-Kollektionen – Brachyglottis, Olearia, Ourisia und Rhododendron, Unterabteilungen Barbata – sind Teil der „National Plan Collection" nach dem Planungsschema des „National Council for Conservation of Plants and Gardens". Im übrigen ist der Erhalt und die ständige Erneuerung der den Schutzgürtel bildenden Pflanzen oberstes Gebot. Inverewes Lage zwischen den Gebirgen und dem Meer macht den besonderen Reiz der Anlage aus. Kein Besucher, so behauptet der National Trust stolz, wird Inverewe Garden mit irgendeinem anderen Garten oder Park auf der Welt verwechseln. Vielleicht liegt der einmalige Zauber darin, daß man sich für Minuten auf den Spaziergängen in einem japanischen Park, dann wieder in einem Waldgelände der USA zu befinden meint, um kurz darauf von einem Aussichtspunkt wie „Devil's Ellbow" auf eine typisch nordschottische Meereslandschaft zu blicken. Natürlich ist die Glanzzeit, wie in vielen Gärten Schottlands, der Höhepunkt der Rhododendronblüte im Mai und Juni. Durch die vorhandene Artenvielfalt bei dieser Pflanze kann man aber Ende April und Anfang August jeweils hinzurechnen. Eines sollte man jedem Park- und Gartenfreund raten, der sich auf Pilgerfahrt zu dem Wunder von Inverewe aufmacht: er sollte sich für den Besuch doppelt soviel Zeit lassen, wie er ursprünglich eingeplant hat. Er wird es nicht bereuen!

Die Isle of Skye bei Elishead, Kiltrock – was wohl heißen soll „ein Fels wie ein Kilt“. Ortsnamen in Schottland sind einem keltischen Bewußtsein entsprungen. Realität und Phantasie gehen ineinander über.

Nächste Seite:

Manchmal kann man fast Angst bekommen in diesem Land. Seine Landschaften können sich auch als Szenerien darbieten, wie geschaffen für Spiele des absurden Theaters.

Nein, wir sind nicht in Norwegen oder auf Island, sondern auf der Isle of Skye. Was Wunder, daß sich die Nordmänner hier wie zu Hause fühlten.

Die Cuillin Hills, die sich hier so freundlich darbieten, tauchen selten aus Wolken und Nebel auf. Der Fotograf muß viel Geduld aufgebracht haben, bis die Berge eine so artige Miene zu dem Versuch machten, ihre zerklüfteten Gliedmaßen abzulichten.

Irgendwo an den Küsten Schottlands. Hier zeigt sich das Unheimliche, das in den vielen Gestalten der schottischen Geisterwelt seinen Ausdruck findet.

In den Lowlands, ein Stück Küste bei Kirkcudbright. Einmal mehr scheinen die Dinge aus der Wirklichkeit in den Bereich des Schlafs und des Traums entrückt. Der Betrachter möchte die Hand ausstrecken, um wenigstens das noch gerade sichtbare Haus zu retten, ehe es endgültig verschwindet.

Noch einmal die Isle of Skye, die es, verständlicherweise, dem Fotografen besonders angetan hat. Hier Loch Harport bei Coillore. Jeder Illustrator von Fantasy-Romanen muß beim Anblick von dem, was die Natur hier malt, vor Neid erblassen.

Ebbe in der Bucht von Kirkcudbright. Noch sind die Lowlands ein Geheimtip für Touristen, die gut essen, trinken und schottische Kunst und Architektur der Jahrhundertwende kennenlernen möchten.

Kyleakin auf der Isle of Skye. Das Schloß, jetzt Ruine, soll von der Tochter eines norwegischen Königs erbaut worden sein.

INS.140
INS.6
UL124

Tarbert auf Kintyre. Ein Einheimischer bestand darauf, daß der Autor, zwecks Ausblick auf die Schönheiten des Städtchens, den Turm der alles andere als bemerkenswerten Kirche im Hintergrund bestieg.

Die andere Seite des Nordens: die Orkneys und die östlichen Highlands

Jedem, der von Scrabster oder von Aberdeen mit der Fähre nach Stromness oder nach Kirkwall übersetzt, wird bald klar sein, daß er hier in eine – im Vergleich zum schottischen Festland, das ja ironischerweise selbst auf einer Insel liegt – ganz andere Inselwelt kommt, die geographisch wie kulturell unter dem Einfluß des hohen Nordens steht. Orkney liegt mit 59 Grad nördlicher Breite etwa auf einer Linie mit Stockholm. Der Archipel besteht aus 67 Inseln, von denen heute 28 bewohnt sind. Über die Hauptinsel Mainland zieht sich ein dichtes Straßennetz von 320 Kilometern Länge. Die Bevölkerung ist immer noch so zahlreich wie zur Jungsteinzeit. Vielleicht am treffendsten hat die Eigenart der Orkneys der Dichter Edward Muir durch die Feststellung bezeichnet, hier sei der Unterschied zwischen dem Normal-Realen und dem Fabulösen nie groß und das Leben der Menschen werde leicht zur Legende. Auf einen anderen charakteristischen Aspekt weist George Mackay Brown, der Autor von „Greenvoe", einer Erzählung über die Auswirkungen des Ölbooms in der Nordsee auf die Inseln, hin:

Orkney lag seit den Zeiten der Wikinger an einem großen Seeweg und durch seine Überlieferung ziehen Matrosen, Kaufleute, Abenteurer, Pilger, Schmuggler, Stürme und Veränderungen der Meeresströmungen. Die Küsten sind übersät mit Wracks, Strandgut und gelegentlich mit Schätzen.

Auf der Insel finden sich die besten Böden von ganz Schottland. Im Frühling und Sommer sind die Spitzen der Klippen strahlend grün, und es blühen eine Fülle wilder Blumen. An Sonnentagen erinnern die Pastelltöne der Rapsfelder und des hellblauen Himmels an Schleswig-Holstein. Ein unübersehbarer Unterschied zu den düsteren Landschaftsformen des zerklüfteten westlichen Hochlandes! Tausende von Seevögeln nisten an den Steilufern an der höchsten der Klippen von Old Man of Hoy. Bei Stürmen sind Wellen von 15 bis 20 Metern Höhe keine Seltenheit.

Die schönste Kirche im nördlichen England und die Geister von Scapa Flow

Vielleicht der deutlichste Ausdruck des kulturellen Einflusses der von Norwegen her die Inseln besiedelnden Nordmänner ist die St. Magnuskirche in Kirkwall, die mit den Palästen des Bischofs und der Jarls ein eindrucksvolles architektonisches Ensemble bildet. Der Ortsname selbst setzt sich aus zwei alt-nordischen Worten zusammen, nämlich Kirku Vagr, d. h. Bucht der Kirchen. Man muß sich in Hinblick auf die besondere Atmosphäre der Inselgruppe daran erinnern, daß sie erst seit 300 Jahren zu Schottland gehört. Eine chronikhafte Geschichtsquelle, die Orkneyinga Saga, verzeichnet die

Ereignisse zwischen 900 und 1200, vor allem auch jene, die zur späteren Heiligsprechung des Magnus führten. Die Särge des Heiligen Magnus und des St. Rognvald sind in zwei Säulen eingelassen, die den Hochaltar flankieren. Die Kirche wurde 1137 unter Jarl Kol von Agdir begonnen, der sich entschlossen hatte, die wachsenden Pilgerströme von Birsay, wo Magnus ursprünglich begraben lag, in die Stadt zu leiten.

Das erste Bauwerk, errichtet aus dem gelben Sandstein von Eday und dem roten Stein der Mainland-Insel, war wesentlich kleiner als die heutige Kirche. Später wurde immer wieder angebaut und erweitert: ein neues Ostfenster im 13., eine Verlängerung des Kirchenschiffs im 15. Jahrhundert, ein neues Westfenster zum 850. Jubiläum des Kirchenbaus 1987. Heute ist der weiche Sandstein der Außenfront stark verwittert, besonders am Hauptportal; aber die Kirche, vor allem ihr Innenraum, ist immer noch ein sehr eindrucksvoller Bau. Die zum Christentum bekehrten Wikinger hatten normannische Bauleute in den Norden geholt, deren Stilempfinden schon auf der Schwelle zwischen Romanik und Gotik stand. Auch an die jüngere Geschichte wird man in der Kirche erinnert, nämlich an die 833 Toten der HMS „Royal Oak", die im Oktober 1939 in der südlich von Kirkwall gelegenen Bucht von Scapa Flow von einem deutschen U-Boot versenkt wurde – der Kommandant hatte angeblich den Zugang zum Ankerplatz der britischen Nordseeflotte vor dem Krieg als Sportfischer ausspioniert. Vielleicht wurde dieses Gerücht aber auch nur in die Welt gesetzt, um den sträflichen Leichtsinn zu vertuschen, den der damalige Lord der Admiralität, kein anderer als Winston Churchill, im Hinblick auf den Schutz des Ankerplatzes der britischen Kriegsflotte vor den Angriffen feindlicher U-Boote an den Tag gelegt hatte. War die Bucht doch auch ein emotionsgeladener Platz, mit dem sich schon vorher eine nationale Demütigung verband: nach Ende des Ersten Weltkriegs hatte sich unter Verstoß gegen die Waffenstillstandsbedingungen der in Scapa Flow internierte Teil der deutschen Kriegsflotte selbst versenkt.

Ausflüge in die Zeit der frühen Menschheit: Skara Brae, Maes Howe und der Steinring von Brodgar

Skara Brae, südlich von Birsay am weißen Halbkreis der Bucht von Skail gelegen, bezeichnet den Platz, an dem die Überreste eines Dorfes zu bestaunen sind, das von steinzeitlichen Fischern und Bauern zwischen 3000 und 2500 v. Chr. bewohnt war. Ein Sturm hatte 1850 große Sandmassen einer Düne bewegt und die Ruinen wieder freigelegt. Die Art der Bauten zeigt für die frühe Zeit und die nördliche Lage eine erstaunlich gemütliche Wohnkultur, wobei bedacht sein will, daß das Klima zur Zeit der ersten Besiedlung milder war als heute. Die Archäologen haben zwei verschiedene Arten von Haustypen freigelegt, einen früheren von kleinen Ausmaßen mit einer zentralen Herdstelle und in die Wand eingelassenen Betten sowie einen späteren, in dem die Betten im Hauptwohnbereich stehen und sich hinter ihnen Schränke befinden. Die Funde aus den Abfallgruben verraten, daß die Einwohner Bauern waren, die Schafe und Rinder besaßen, Getreide anbauten und Fischfang betrieben. In ihren Lampen verbrannten sie das Öl von Walen, Seehunden und Seevögeln.

Von Skara Brae ist es nicht weit zu den Steinen von Stennes und zum Steinkreis von Brodgar, in dem auf einer Landzunge zwischen zwei Lochs immerhin noch 27 Steine erhalten sind. Abgesehen davon, daß sie sich optisch sehr eindrucksvoll ausnehmen und eine prähistorische Aura von ihnen ausgeht, wissen uns die Archäologen über ihren Sinn und Zweck wenig Exaktes zu sagen. In der Volksüberlieferung wird Brodgar als ein Sonnen-, und Stennes als ein Mondtempel bezeichnet. Der sogenannte Kometen-Stein liefert ein gewisses Indiz dafür, daß wir hier, ähnlich wie in Stonehenge und im irischen Newgrange, ein neolithisches Observatorium vor uns haben könnten, das vor allem zur Bestimmung des Zeitpunktes für Aussaat und Ernte diente.

Diese Theorie ist vor allem vom Mathematiker Professor Alexander Thom vertreten worden, der den Erbauern vor 2 500 Jahren Kenntnisse komplexer Geometrie unterstellt; er meint, daß sie auch schon sinngemäß den Satz des Pythagoras kannten und ein megalithisches Längenmaß von 0,829 Metern benutzten. Die Problematik dieser Theorie liegt darin, daß die Bahnen der Gestirne, die so berechnet werden konnten, für die Zeit zwischen 1700 – 1400 v. Chr. zwar zutreffen, die Archäologen aber Hinweise zu haben glauben, daß der Bau weit früher errichtet wurde und lediglich die im Areal ebenfalls gefundenen Gräber auf diese Zeit zu datieren sind.

Unbestritten ist, daß der ganze Bereich eine Art von heiligem Bezirk darstellt und daß die Bauten eine differenzierte soziale Organisation zur Voraussetzung haben. Allein um den Graben anzulegen, der die Steinsetzung von Brodgar einfaßt, dürften hundert Männer hundert Tage lang gearbeitet haben.

Eine weitere der zahlreichen frühzeitlichen Fundstätten auf den Inseln ist Maes Howe, ein neolithischer Hügel, in dem ein Gang zu einer Kammer führt, und der um die Zeit 2800 v. Chr. oder vielleicht sogar noch etwas früher errichtet wurde. Mit hoher Wahrscheinlichkeit handelt es sich um eine steinzeitliche Grabstätte, die von den Nordmännern im 12. Jahrhundert geplündert wurde, nachdem sie im 9. Jahrhundert abermals als Grab für einen Wikingerfürsten benutzt worden zu sein scheint. An den Wänden der zentralen Kammer hat eine Abteilung der Wikinger, die sich möglicherweise auf dem Weg zu einem Kreuzzug befand, Inschriften hinterlassen. Die Graffiti klingen reichlich großspurig. „Diese Runen wurden von einem Mann in den Stein gehauen, der darin auf dem

ganzen westlichen Ozean am erfahrensten ist", lautet eine von ihnen. Die andere bezieht sich auf ein Mädchen, dessen Schönheit gerühmt wird.
Schließlich sollte man sich Midhowe auf Rousay ansehen, ein gutes Beispiel für einen „broch", ein Küstenfort aus der Zeit der keltischen Pikten, von dem aus die damaligen Bewohner das Herannahen der aus dem Süden kommenden römischen Galeeren beobachteten. Was Midhowe angeht, so zeigt eine Rekonstruktionszeichnung der Ausgräber ein eindrucksvolles Gebäude, das für die herannahenden Beobachtungs- und Raubtrupps nicht so leicht einzunehmen gewesen sein dürfte. Auch die „brochs" geben den Archäologen noch viele Fragen auf. Von Midhowe-Fort ist es nur einen Steinwurf weit zu einer Reihe von Gräbern, die man „das große Schiff des Todes" nennt, ein wohlerhaltenes Gemeinde-Grab aus der Zeit um 3500 v. Chr. Die Ausgrabungen begannen hier zwischen 1930 und 1933 und sind inzwischen mit einem hangarähnlichen Gebäude überbaut, so daß man auf einem Rost über den Gräbern gehen und auf sie hinabsehen kann. Die mittlere Kammer ist in zwölf Grabnischen auf jeder Seite eines Ganges unterteilt. In ihnen wurden die Gebeine von 28 Personen gefunden.
Angesichts solcher Eindrücke stellt sich beim Besucher die Frage, wie die Menschen, die derlei schufen, auf die Orkneys kamen. Zunächst einmal müssen in diesem Zusammenhang die coracles erwähnt werden, Fellboote, deren Ritzen mit einer pechartigen Substanz abgedichtet waren und die 30 bis 40 Zentner Nutzlast aufnehmen konnten. Die Wanderungen der frühen Menschen begannen schätzungsweise in der mittleren Steinzeit (circa 6000 v. Chr.) im östlichen Mittelmeerraum, führten entlang der spanischen Küste in den Ärmel-Kanal und dann im Verlauf mehrerer Generationen an der englischen Westküste nordwärts. Dabei ließ sich die dort von Süden nach Norden verlaufende Meeresströmung ausnutzen. An der schottischen Nordküste lagen damals die Temperaturen im Durchschnitt etwa drei Grad höher als heute. Wir wissen, daß Steinzeitmenschen auf den Orkneys bereits Gerste anbauten. Angesichts von „Trittsteinen" in Gestalt mehrerer kleinerer Inseln im Pentland Firth kann das Übersetzen auf die Orkneys dann keine unüberwindlichen Schwierigkeiten geboten haben. Das gleiche gilt für die weitere Ausbreitung bis zu den Shetland Inseln via Fair Isle, die etwa auf halbem Weg zwischen beiden Inselgruppen liegt. Die Einwanderung keltisch-piktischer Volksgruppen kann man auf die Zeit 800 – 500 v. Chr. datieren, während die Fahrten der Wikinger etwa ab 700 n. Chr. stattfanden. Die piktischen Fliehburgen erwiesen sich noch lange als brauchbar. So ist ein Vorfall aus dem Jahr 1153 überliefert, als ein ehebrecherisches Paar in einer dieser Befestigungen Zuflucht suchte und die Belagerung durch den gehörnten Ehemann und seine Truppe unbeschadet überstand. Ab 995 begann auf den Inseln die Christianisierung. Wie schon erwähnt, wurden die Orkneys durch die Legende vom Heiligen Magnus zu einem beliebten Pilgerziel der nordeuropäischen Christenheit. 1398, fast ein Jahrhundert vor Columbus, sollen der orkadianische Earl Henry und sein italienischer Navigator Antonio Zeno schon den Atlantik überquert haben, in Nova Scotia, dem Land der Micmac Indianer gelandet und von dort bis ins heutige Massachusetts vorgedrungen sein. Die Lebensgeschichte Prinz Henrys, Earl of Orkney, ist eng mit der Geschichte des Templerordens verbunden. Und der Historiker Andrew Sinclair Michael sieht in seinem Buch mit dem Titel „Das Schwert und der Gral" in dieser Reise einen Versuch der Templer, in der Neuen Welt ihr „neues Jerusalem" zu gründen. 1418 wurde ein Schotte Bischof der Orkneys, und in das Jahr 1468 fällt die Heirat eines schottischen Königs mit Margret von Dänemark. Die Schotten erhielten schließlich nicht die vom Brautvater versprochenen 10 000 Gulden Mitgift, dafür aber die Inselgruppe. 1611 wurde das nordländische, genauer das dänische Recht dort abgeschafft, ein Anzeichen mehr für den stärkeren Einfluß aus dem Süden. Die schottische Earlsfamilie der Stewarts (Patrick und Robert, beide ausgemachte Halunken, aber inspirierte Bauherren) faßte nun Fuß auf der Insel. In der zweiten Generation setzte eine Rebellion der Eingeborenen ihrer Herrschaft ein Ende. Als Zeugnisse ihrer Regierungsepoche stehen in Kirkwall die Ruinen des Earls Palace, eines der eindrucksvollsten Zeugnisse von Renaissance-Architektur in Schottland, und der an einer kleinen Bucht bei Birsay gelegene Earls Palace, von dem allerdings nicht viel mehr als die Grundmauern erhalten geblieben sind.
Während Kirkwall eindeutig der Hauptort der Insel ist, erschien mir Stromness im Schutz von Hamnavoe oder Haven Bay gelgen fast reizvoller. Französische und spanische Schiffe suchten im Mittelalter in dieser Bucht Zuflucht. Der Ort profitierte stark von der Tatsache, daß es während der langwierigen Kriege zwischen Frankreich und Spanien auf der einen und England und den Niederlanden auf der anderen Seite sicherer war, für den Weg über den Atlantik nach Amerika eine nördliche Route um Schottland herum zu wählen, wobei die Schiffe dann häufig in Stromness Proviant und Wasser aufnahmen und Mannschaften anwarben. Auch für Wal- und Heringsfänger war die Stadt ein wichtiger Ausgangspunkt. Im 19. Jahrhundert stammten 416 der 530 überseeischen Angestellten der Hudson Company von den Orkneys. Manche von ihnen kehrten später mit indianischen Frauen auf die Insel zurück. Um 1840 war die Stadt ein blühender, mit Geschäftigkeit erfüllter Hafen, in dem es über 40 Pubs gegeben haben soll. Heringe wurden in kleinen Booten zu Tausenden hier gelandet, von Frauen ausgenommen und zur Weiterverschiffung in Tonnen eingesalzen. Noch heute ist Stromness Hauptquartier des „Northern Lighthouse Board", einer Institution, deren Name eng mit den Aktivitäten der Vorfahren von Robert Louis Stevenson als Leuchtturmbauer verbunden ist.
In Stevensons Aufzeichnungen „A Family of Engineers" steht das nachfolgende Porträt einer den Seeleuten wahrsagenden Frau:

In der Ortschaft Stromness auf der Hauptinsel der Orkneys, genannt Pomona, lebte 1814 eine ältere Dame namens Bessie Millie, die die Mittel zu ihrem Lebensunterhalt damit aufbesserte, daß sie den Seeleuten günstige Winde verkaufte. Jeder, der mit einem Schiff den Hafen von Stromness verließ, ohne Bessie Millie ein Opfer darzubringen, ging ein beträchtliches Wagnis ein. Ihre Gebühr war recht bescheiden, genaugenommen ein Sixpence, dafür brachte sie Wasser in einem Kessel zum Kochen und gab dem Schiff den Zuspruch ihrer Gebete, denn alle ungesetzlichen Praktiken lehnte sie ab. Die auf diese Weise erbetenen Winde kamen so sicher wie das Amen in der Kirche, wenngleich die Seeleute manchmal eine gewisse Zeit zu warten hatten. Die Behausung der Frau und ihr Aussehen waren ihrer Tätigkeit durchaus angemessen. Das Gebäude lag oben auf einem steilen Hügel, an dessen Abhang Stromness gewachsen ist und war nur zugängig durch eine Folge von schmutzigen abschüssigen Gassen. Es hätte wohl von seiner Lage her die Wohnstatt des Äolus selbst sein können. Sie selbst war, wie man uns erzählte, fast einhundert Jahre alt, verwittert und eingetrocknet wie eine Mumie. Das lehmfarbige Taschentuch, das sie um den Hals geschlungen trug, korrespondierte mit der Leichenfarbe ihrer Haut. Zwei hellblaue Augen glommen mit einem Ausdruck in diesem Gesicht, der an Wahnsinn denken ließ, und sie redete erstaunlich rasch. Eine Nase und ein Kinn, die fast zusammenstießen, gaben ihr einen geisterhaften Ausdruck von Schläue und ließen an die Todesgöttin Hekate denken. Derart war Bessie Millie, der die Seeleute halb im Ernst halb im Spaß ihren Tribut zollten.

Wir müssen es uns aus Gründen des Umfangs leider versagen, weiter aus dem Text zu zitieren, der die damaligen Verhältnisse in Stromness und auf den anderen Inseln ungemein anschaulich schildert.

Als ein Bücherfreund will ich nicht unerwähnt lassen, daß Stromness eine hervorragend beschickte Buchhandlung besitzt, „die beste nördlich des englischen Festlandes (sic!)", wie sie mir der Buchhändler, ein Aussteiger aus Stuttgart, empfahl. Recht originell fand ich angesichts der Diskussion um Ladenschlußzeiten, die ich aus Deutschland noch im Ohr hatte, jenes Schild an der Ladentür, auf dem neben den Angaben für den Tag zu lesen war: „Abends eine Stunde nach Ankunft der Fähre." Auch beeindruckte mich die Übungsstunde der lokalen Dudelsackkapelle, die etwa um dieselbe Zeit vor dem Haus des Bürgermeisters stattfand, der ihnen gewohnheitsgemäß nach Ende der Übungsstunden ein Glas Ale zu spendieren hatte, selbst aber erst aus dem nächstgelegenen Pub herbeigeholt werden mußte.

Culloden: eine Schlacht, deren Tote lebendig sind, ein schöner Mann, und wie die Menschen durch Schafe ersetzt wurden

Nordostschottland oder die östlichen Highlands reichen von Thurso bis Inverness und von dort nach Dundee, St. Andrews, Sterling und Dunfermline bis vor die Tore von Edinburgh. Jenes Gebiet um die imaginäre Linie, an der sich westliche und östliche Highlands berühren, scheint mir besonders geeignet, die charakteristische Landschaft der östlichen Highlands als Wanderer kennenzulernen.

Doch wir wenden uns wieder der Historie zu und betrachten zwei Ereignisse, die für die Entwicklung Schottlands bis in unsere Zeit hinein von elementarer Bedeutung gewesen sind. Das erste ist mit dem Namen einer Heidelandschaft nicht weit von Inverness verbunden und heißt Culloden; das andere ergab sich zwangsläufig aus der Niederlage der Jakobiter in der Schlacht bei Culloden und dem daraus resultierenden Ende des traditionellen Clansystems in den Highlands und verbindet sich mit dem Reizwort „Highland Clearances" (Säuberungen).

Beginnen wir dort, wo zwar auch nicht alles anfängt, aber doch manches, was im Zusammenhang mit unseren beiden Stichworten jeder wissen sollte, der durch Schottland reist. Zunächst einmal: „Jacobites" oder eingedeutscht „Jakobiter" nennt man die Parteigänger jenes älteren Zweiges des königlichen Hauses Stuart nach der sogenannten Glorious Revolution 1688. Damals war James VII. von Schottland (zugleich James II. von England) vom Thron vertrieben worden. Das Wort „Jacobite" leitete sich von Jacobus, dem lateinischen Wort für das englische James und seiner deutschen Version Jakob her. Es war zunächst ein Schimpfwort der Gegner für die im Exil lebenden schottisch-englischen Stuarts und spielte auf die Behauptung der Whig Partei an, der Sohn James VII. (von Schottland) und II. (von England), James Francis Stuart, sei gar nicht der legitime Sohn seines Vaters, sondern ein untergeschobenes Kind.

Eine erste schottisch-jakobitische Revolte fand 1715 statt und scheiterte nach Anfangserfolgen. Der sogenannte „Old Pretender" floh Anfang 1716 von Montrose per Schiff zurück nach Frankreich. Der nächste Aufstand wurde 1719 von einem spanischen Kardinal angezettelt. Mehrere hundert spanische Infantristen kämpften in der Schlacht von Glen Shiel in den nordwestlichen Highlands auf Seiten der Jakobiter mit, die abermals von den Engländern geschlagen wurden.

Der nächste Versuch ließ etwas länger auf sich warten. Am 23. Juli 1745 landete Prinz Charles Edward Stuart auf der Insel Eriskay in den Äußeren Hebriden. Zwei Tage später erreichten er und eine kleine Gruppe von Anhängern, die sogenannten „Sieben Männer von Moidart", das Festland.

Einige der Highland-Clans schlossen sich in der Folge dem „Young Pretender" an; seine Standarte wurde in Glenfinnan aufgerichtet. Am 19. August 1745 marschierte der Prinz, ohne auf größeren Widerstand getroffen zu sein, in Edinburgh ein. Das Ausbleiben von Unterstützung aus Frankreich war der erste Rückschlag, auch die Bevölkerung von Edinburgh verhielt sich eher zurückhaltend – mit Ausnahme der Damenwelt, die sich für die romantische, feminine Gestalt des Prinzen begeisterte. Erstaunlicherweise erstritten die Jakobiter dann Sieg um Sieg und standen schließlich bald nur noch 130 Meilen von London entfernt. Doch Bonnie Prince Char-

lie vertändelte die Chance, die britische Hauptstadt einzunehmen. Das Blatt wendete sich, und am 19. Dezember 1845 überschritt das jakobitische Heer auf dem Rückzug wieder die Grenze nach Norden.
Der religiöse und kulturelle Graben, der von jeher durch die schottische Gesellschaft lief, wurde durch die Ablehnung der meisten Lowlander gegenüber dem Prinzen noch vertieft. Aber selbst unter den traditionell jakobitisch gesinnten Clans der Highlander gab es Zauderer, die sich fragten, ob man das schlecht vorbereitete Unternehmen unterstützen solle.
Die jakobitische Armee, die von Derby kommend nach Schottland zurückmarschierte, war noch eine intakte Streitmacht. Aber dann führte der Sohn des englischen Königs, der Herzog von Cumberland, frische Truppen heran. Unfähig, Stirling einzunehmen, wich Prinz Charlie in die Highlands zurück und stellte sich schließlich am 16. April 1746 auf dem Drummossie Moor bei Culloden den Engländern zur Schlacht. Die halb verhungerten und erschöpften Clanleute standen einer gut ausgerüsteten Armee gegenüber und wurden von ihr vernichtend geschlagen. Die Verluste der englischen Regierungstruppen betrugen 50 Mann, die der Rebellen 1500 – 2000. Auf dem Schlachtfeld von Culloden verdiente sich der Herzog von Cumberland den Beinamen „der Schlächter", weil er befahl, auch alle Verwundeten und Gefangenen zu töten. Doch die Grausamkeiten wurden durchaus nicht nur von Engländern begangen. Unter Cumberlands Verbänden befanden sich auch zahlreiche antijakobitisch gesinnte Schotten.
Theodor Fontane schreibt in seinen „Bildern und Briefen aus Schottland":

Galgen und Rad räumten auf zwischen Aberdeen und Inverness, und jene Klage wurde lebendig, der Burns in seinem schönen Lied Ausdruck gegeben hat:

Die schöne Maid von Inverness,
wie freudlos ihr der Tag vergeht.
Sie schafft und spinnt und webt, indes
ihr dunkles Aug' in Tränen steht.
Drummossie-Moor, Drummossie-Tag,
o bitt'rer Tag, o blut'ges Moor,
wo kalt und starr mein Vater lag
und ich der Brüder drei verlor.
Sie liegen tief in Sand und Blut,
im ersten Grün die Gräber stehn.
Der beste Bursch daneben ruht,
den Mädchenaugen je gesehn.
Weh Sieger dir, der nach der Schlacht
noch die Geschlag'nen niedertrat,
Du hast manch Herz betrübt gemacht,
das dir doch nichts zu Leide tat.

Heute ist das Schlachtfeld von Culloden so etwas wie eine nationale Gedenkstätte. Wir machten auf einem Findling Rast, von dem aus der Oberbefehlshaber der englischen Truppen die Operationen dirigierte. Wir sahen in der Heidelandschaft mit Fahnen jene Orte bezeichnet, an denen die Gruppen schottischer Clans gestanden und gefallen waren. Wir hörten, daß noch heute deren Nachfahren, wenn sie das Schlachtfeld besuchen, unter Umständen in Tränen ausbrechen. Tatsächlich ist und bleibt Culloden ein von nationalistischen Emotionen stark besetzter und seinerseits diese belebender Ort.
Nach Culloden kassierte die Regierung den Landbesitz vieler schottischer Clan-Häuptlinge. Dies galt aus englischer Sicht als Maßnahme im Rahmen eines durchgreifenden und systematischen Befriedungsprogramms. Nach dem Gesetz von 1746 mußten Waffen aller Art abgegeben werden; das Tragen der Tartans, der in den Highlands traditionellen Kleidung, wurde verboten, ebenso war das Dudelsackspielen untersagt. Der Dudelsack galt nach dem Gesetz als ein Kriegsinstrument.
In einer allgemeinen Reform der in Schottland geltenden Gesetze wurde die erbliche Gerichtsbarkeit der Großgrundbesitzer abgeschafft. Diese nahm den Clanchefs ihre traditionelle feudale Gewalt über „Galgen und Grube", also ihre Zuständigkeit bei allen Delikten außer dem des Landesverrats.
In der zweiten Hälfte des 18. Jahrhunderts nahm, trotz aller Unterdrückungsmaßnahmen gegen die Clans und gegen die Jakobiter, die Bevölkerung der Highlands durch die Einführung der nahrhaften Kartoffel sprunghaft zu. So stieg die Einwohnerschaft dort beispielsweise zwischen 1745 und 1811 auf den Äußeren Hebriden von 13 000 auf 24 500 an. Die Reaktion der noch in Amt und Würden befindlichen regierungstreuen Clan-Häuptlinge war unterschiedlich. Einige ermutigten ihre Untertanen auszuwandern, und zwischen 1800 und 1803 gingen tatsächlich 6 000 Highlander nach Amerika. Andere beschäftigten die Pachtbauern hauptsächlich mit Fischen und der Gewinnung von Pottasche aus Kelp, dem braunen Seetang.
Wieder andere Großgrundbesitzer setzten Schafherden auf ihr Land, vor allem die schwarzgesichtigen Lintonschafe und die Cheviots. Schafzucht und Ackerbau erwiesen sich als schwer miteinander verträglich. Also entschlossen sich viele Großgrundbesitzer, die nach der Revolte von 1745/46 zu enteignetem Land gekommen waren, ihre Pachtbauern einfach auf kleine Landstreifen in Randgebiete der großen Schafweiden zu verbannen. Damit entstand in Schottland das „Crofter"-System.
Die „Säuberung" der Highlands von Ackerbauern nahm nach 1815 rapide zu. Mit dem Ende der napoleonischen Kriege fiel der Preis für Kelp, Rinder und Fisch, und als einziges gewinnträchtiges Produkt der Highlands blieben die Schafe.
Zwischen den Jahren 1807 und 1821 wurden dann um die 15 000 Menschen von ihrem gepachteten Land vertrieben. Hierbei tat sich der Vogt der Gräfin von Sutherland, Patrick Sellar, durch besondere Grausamkeit hervor. Wer sich weigerte wegzuziehen, dem wurde das Haus niedergebrannt. Bezeichnend für die Willkürherrschaft der neuen Herren ist folgender Vorfall: Eine ältere Frau

erlitt bei den Einäscherungen schwere Brandwunden. Der örtliche Sheriff klagte Sellar des Totschlages an, aber eine mit Großgrundbesitzern besetzte Jury fällte einen Freispruch, und der Sheriff wurde abgesetzt.
Eine Änderung der katastrophalen Zustände brachte erst der „Crofters Holdings Act" des Jahres 1886, durch den die Crofters gewisse Sicherheiten erhielten. Eine Vergrößerung der Ackerflächen wurde aber erst in einem weiteren Gesetz aus dem Jahr 1919 verfügt. Dennoch gingen die Bevölkerungszahlen in den Highlands im 20. Jahrhundert ständig weiter zurück.

Hier schnuppern wir Maische aus keimender Gerste und sehen uns zu immer neuen Kostproben des Lebenswassers gedrängt

So der Schottland-Reisende Theodor Fontane in einem seiner weniger bekannten Briefe. Es ist nicht ganz zufällig, daß wir gerade in dem Abschnitt über die östlichen Highlands auf den Whisky zu sprechen kommen. Es gibt da nämlich südlich von Inverness nicht nur eine Straße der Schlösser, sondern auch eine, an der Whisky-Destillerien wie die Perlen an einem Rosenkranz aufgereiht sind. Ich beschränke meine Anmerkungen zu dem Getränk auf einige Bemerkungen über dessen Bezeichnungen und Herstellung.
Eines jedoch sollte vorab rühmend erwähnt werden. So enthaltsam wie in einer berühmten Bourbon-Destille in Kentucky, USA, wo man den Besuchern nach der Besichtigung lediglich eine Limonade anbietet, geht es bei den schottischen Whiskyherstellern gottlob nicht zu! Und nun zum Grundwissen:
Es gibt in Schottland drei Hauptwhiskysorten: Da ist zunächst einmal der „Single Malt", ein Whisky, der ausschließlich aus Gerste hergestellt wird. Malt Whisky ist also unverschnitten und stammt aus den verschiedenen Destillations-Jahrgängen einer bestimmten Firma und, was die Gerste angeht, aus genau definierten Anbaugebieten. Die besten Sorten innerhalb dieser Spezies tragen die Bezeichnung „Classic Malt". Im Unterschied dazu kann „Grain Whisky" aus ungemälztem Getreide auch anderer Getreidesorten hergestellt werden. Diese Whiskys enthalten mehr Alkohol als Malz und haben auch eine kürzere Lagerzeit.
Und schließlich sind da noch die sogenannten „Blended Whiskys", eine Mischung von Grain- und Malt-Whiskys. „Standard Blend" kann unter Umständen aus bis zu 40 verschiedenen Whiskys bestehen. „Blends" sollen aber einen stets gleichbleibenden Geschmack haben. „De Luxe Blends" sind die Spitzenerzeugnisse in dieser Kategorie. Sie schmecken runder und sanfter als die Standards.
Ich greife nun Whiskys heraus, die ich selbst in Schottland probiert habe und gebe dazu die Charakterisierung von Fachleuten. „The Famous Grouse", jener Whisky, der mir persönlich am besten schmeckt, wird als „ weich und samtig, gut abgerundet" bezeichnet, „Glenfiddich" hingegen als „ausgewogen, fruchtig mit leichtem Malzaroma und angenehmer Süße" vorgestellt. Zu „Glenlivet" heißt es, er sei „blumig und fruchtig und erinnere an Pfirsich und Vanille". Also, Pfirsich oder Vanille sind mir spontan nicht eingefallen, als ich diese Sorte kostete, d. h. Whisky-Schmecken ist eine Kunst und natürlich auch mit einigem snobistischem Brimborium umgeben.

Wenn man bedenkt, wieviel Arbeit es bedarf, einen guten Whisky zu brennen, kann sein Preis kaum erstaunen

Die Herstellung des schottischen Whiskys zerfällt in vier Arbeitsgänge, nämlich in das Malzen, das Brennen, das Destillieren und die Lagerung. Letztlich entscheidend für die Qualität sind die verwendete Gerste und das Wasser.
In der Mälzerei läßt man zunächst die Gerste in großen Behältern 40 bis 50 Stunden ankeimen. Dann kommt das Getreide in einer 30 Zentimeter dicken Schicht in flache Wannen (Mälztenne) und keimt noch einmal sechs bis zehn Tage, wobei man es alle acht Stunden wendet. Beim Prozeß des Mälzens wird Stärke in Zucker umgewandelt; gemälztes Getreide schmeckt auffällig süß. In einem Malzofen werden bei der Trocknung über Torfrauch die charakteristischen Duft- und Geschmacksstoffe eingebracht.
Am Ende erhält man eine mehlartige Substanz, das Malzschrot. Es folgt das Brauen oder die Gärung in der Maischtonne unter Zusatz von heißem Wasser. Nun entsteht ein eher übelriechender Brei (mash), den man in große Bottiche füllt, die zwischen 9 000 und 36 000 Liter fassen. Nach Ausscheiden der festen Bestandteile, die als Viehfutter verkauft werden, erhält man die „wort", die Würze. Diese kühlt man auf 22 Grad Celsius und gibt ihr Hefe bei. In den „washbacks" verwandelt sich der Zucker in Alkohol und Kohlensäure. Die chemische Reaktion, die zwei Tage dauert, ergibt eine schäumende Flüssigkeit.
Beim nächsten Schritt, dem Brennen, trennt man durch die unterschiedlichen Siedetemperaturen der beiden Flüssigkeiten den Alkohol vom Wasser. Es entsteht der Rauhbrand oder Rohwhisky. Diesen verwandelt man in einem zweiten Destillationsvorgang in den sogenannten Feinbrand. Man unterscheidet dabei einen Vor-, Mittel- und Nachlauf. Der Mittellauf, das Herzstück, ist in der Regel ein Destillat von circa 75 Prozent Alkohol. Während der Vor- und Nachlauf Fuselöle enthalten und zur Reinigung von diesen dem nächsten Destillationsvorgang noch einmal beigegeben werden, ist der Mittellauf der eigentliche Whisky. Sein bis dahin höherer Alkoholgehalt wird auf

40 bis 43 Prozent reduziert. Danach muß das „Lebenswasser“ mehrere Jahre in Eichenfässern reifen. Diese haben zuvor Sherry oder andere Spirituosen enthalten. Absolute Spitzenprodukte haben eine Lagerung von 12 oder sogar 21 Jahren hinter sich, wobei eine beträchtliche Menge des Faßinhalts verdunstet.

Die Zugabe von klarem kalten Wasser vor dem Trinken – optimal ist eine Verdünnung auf 33 Prozent! – setzt nach Meinung der Kenner erst in vollem Maße das Aroma des Whiskys frei.

Die Geschichte des Whiskys läßt sich bis auf die frühchristlichen Klöster des 5. Jahrhunderts zurückverfolgen, in denen das „uisge beatha“, so die gälische Bezeichnung, tatsächlich als Medizin benutzt wurde.

Unter der Bezeichnung Whisky taucht das Getränk zum ersten Mal in einer Steuerurkunde aus dem Jahr 1494 auf. 1505 ist der Whisky immer noch weitgehend Arzneimittel; das Monopol zu seiner Herstellung wird in Edinburgh der Gilde der Chirurgen übertragen.

Wenn die schottische Malt-Whisky-Industrie heute weitgehend im hohen Norden, in den Highlands, auf den Inseln und im Tal des Flusses Spey konzentriert ist, so hat das auch historische Gründe.

Gegen Ende des 18. Jahrhunderts versuchte die englische Regierung, die schottische Whiskyherstellung an die Kandare zu nehmen. Die schlechten Verkehrsverbindungen zu den entlegenen Standorten erlaubten es aber vielen Destillen im hohen Norden, sich den englischen Anordnungen und Kontrollen zu entziehen. Sie stellten weiter den Single-Malt-Whisky her, der dann erst wieder seit den 70er Jahren unseres Jahrhunderts den internationalen Markt zu erobern begann. Anders sah es in den Lowlands aus, wo man begann, billigeren Grain-Whisky mit Malt-Whiskys zu mischen, um einen Massenmarkt zu bedienen. Heute ist das Sammeln von alten Single-Malts ein teures Hobby. Weit entfernt, hier als Weintrinker in Fragen des Whisky-Geschmacks glänzen zu können, empfehle ich das Probieren möglichst vieler Sorten: eine gute Entschuldigung, den Konsum von Alkohol als ästhetische Erfahrungssuche zu tarnen.

Lochaber: Traurige und vergnügliche Fakten über ein Tartanmuster aus dem Großen Moos

Kaum ein amerikanischer oder kanadischer Tourist, der in Schottland nicht auch die Wurzeln und die Tartanfarben des Clans suchte, von dem seine Familie abstammt. Die Fachgeschäfte in der Altstadt von Edinburgh unterhalten da regelrechte Beratungsdienste. Wenn Sie Nixon oder Carter heißen – welchem Clan gehörten Ihre Vorfahren an? Auch für einen Miller oder Smith ist die Clansuche nicht aussichtslos. Schließlich winkt für den Beratenden am Ende der Verkauf eines Tartans und passender Krawatten – dazu die passenden Socken und des in ihnen aufbewahrten kleinen Dolches, der zumindest zum Haggis-Zerteilen unabdingbar ist.

Die Tartan-Connection ist ein „big business“, das wir dem armen Schottland von Herzen gönnen wollen. Andererseits gibt jeder Schotte in Sachen Tartan ohne Murren auf der Straße Auskunft, zu welchem Clan sein Muster und damit auch er selbst gehört.

Leider ist das alles letztlich doch mehr oder minder postromantische Maskerade. Die Tatsachen sehen so aus: Der echte Tartan hieß „helande“ und war ein schönes, festes, nahezu regendichtes Tuch, das in den Highlanddörfern aus der Wolle der örtlichen Schafe gesponnen und von Webern am Ort hergestellt wurde. Der „helande“ wurde in einem Stück getragen, um die Leibesmitte von einem Gürtel zusammengehalten und am Oberkörper wie eine Toga gerafft. Die Farben der alten Tartans waren, da aus Pflanzen gewonnen, weich und wirkten selbst nach dem Ausbleichen durch Licht- und Wettereinwirkung noch edel; die der heutigen Tartans sehen im Vergleich dazu aufdringlich und künstlich aus.

In den Lowlands wurde der Tartan erst zu Anfang des 18. Jahrhunderts populär, und zwar gab man sich, wenn man ihn trug, damit als Gegner der Union mit England und als „Jacobite“ zu erkennen.

1747, nach Culloden also, wurde, wie schon erwähnt, in den Highlands das Tragen des Tartans aus politischen Gründen verboten. Zur selben Zeit aber waren ganze Dörfer in den Lowlands damit beschäftigt, die Nachfrage für die schottischen Regimenter in der britischen Armee, in den Kolonien und unter Auswanderern zu befriedigen. 1782 wurde das Trageverbot in Schottland aufgehoben.

Die Ehre, dem Kleidungsstück endgültig wieder zu Ansehen verholfen zu haben, gebührt Sir Walter Scott. Er war es, der George IV. anriet, bei seinem ersten Besuch in Edinburgh einen Tartan zu tragen. Die endgültigen offiziellen Weihen aber bekam das Kleidungsstück durch die Highland-Schwärmerei der Königin Victoria.

Erst seitdem die Tartans so wieder Mode wurden, galt es auch bald als ausgemacht, daß jeder Clan sein Tartan-Muster besitze. Wo das nicht der Fall war, wurde eines erfunden. Eine Lektion, wie man dabei verfuhr, erhielt ich, als ich zu einem neuerworbenen Tweed-Jacket eine passende Krawatte suchte. Es stellte sich heraus, daß es das Muster derer von Lochaber war. An der Krawatte befand sich ein kleines Schildchen, dessen Informationen ich dem Leser nicht vorenthalten möchte:

Der Ursprung des Lochaber Tartan ist unsicher. Aber er wird heute als ein Distrikt-Tartan betrachtet und kann somit von jedem (sic!) getragen werden, der sich durch Verwandtschaft oder Zuneigung mit dem herrlichen Land um Fort William verbunden fühlt. Das Muster wurde schon 1797 von den Messrs. Wilson & Son in Bannockburn, einem gut eingeführten Hersteller von Tartans, erwähnt, könnte aber sogar (sic!) noch älter sein.

Das Muster hatte früher einen blauen Grund mit roter und azurner Linie. Um 1800 kam ein anderes Muster auf, das später als „Lochaber Cameron“ bekannt wurde. Es war ursprünglich viel komplexer und fügte den ursprünglichen Farben Schwarz und Grün bei. Dieses Muster wurde 1819 von den Messrs. Wilson abermals modifiziert und heißt seitdem „Lochaber". Ein altes Belegstück findet sich noch heute im West Highland Museum in Fort William. Der Bezirk Lochaber hat seinen Namen von dem alten Loch Aber, der heute verschwunden ist, und der sich in den Tagen des heiligen Colum Cille dort erstreckte, wo sich damals zwischen Banavie und Inverlochy das Blar Mòr, das Große Moos, befand.

Ich würde mich nicht wundern, wenn ich mich beim Anlegen dieser Krawatte plötzlich in der Zeit des Colum Cille im Großen Moos wiederfände. Man wird sehen!

Ein Paradies für Golfer oder vom Karnickelloch zum aerodynamisch berechneten Eisen

Laut einer Emnid-Umfrage sind rund vier Millionen Deutsche am Golfspiel ernsthaft interessiert, 250 000 betreiben es aktiv. Für sie muß Schottland ein Mekka sein. Wer durch die Highlands fährt, stößt mit schöner Regelmäßigkeit an den landschaftlich eindrucksvollsten Stellen immer wieder auf Golfplätze.
Daß die Schotten das Golfspiel erfunden haben, ist eine Behauptung, die sich nicht aufrechterhalten läßt. Denn die Römer kannten ihr „Paganica", die Holländer das „Kolven" und die Südfranzosen ein „Jeu de Mail". Die Engländer schlugen beim „Cambula" schon im 14. Jahrhundert einen federgefüllten Ball zur Zielmarke. Freilich wurde bei keinem dieser Spiele der Ball in ein Loch versenkt. Und so wäre es wohl korrekter zu sagen, daß die Schotten an der Entwicklung des modernen Golfspiels entscheidenden Anteil haben. Ab Mitte des 16. Jahrhunderts belegen Bilder und schriftliche Dokumente die Verbreitung des Sports an der schottischen Ostküste.
Die Überlieferung, daß im 14. Jahrhundert schottische Fischer sich auf dem Heimweg vom Hafen damit vergnügten, mit Stöcken Kieselsteine vor sich herzutreiben, klingt recht überzeugend. Sie verweist auf ein spielerisches Urbedürfnis des Menschen, das schließlich zu diesem Spiel führte. Denn bald scheint aus dem beiläufigen „Schnicken" ein Wettbewerb zwischen Gruppen geworden zu sein, bei dem es darum ging, die Steine möglichst weit und möglichst präzise zu schlagen. Daß sich damit auch die Schläger immer weiter differenzierten, leuchtet ebenfalls ein.
In einer Urkunde vom 25. Januar 1522, der „Golf Charter of St. Andrews", vereinbarten der Rat der Stadt und der Erzbischof von St. Andrews, daß der nördliche Teil der „common liks nixt adjacent to the Wattir of Eddin" zur Zucht von Hasen zu nutzen sei, doch dabei das Recht der Öffentlichkeit nicht eingeschränkt werden dürfe, das Gelände auch zur Ausübung von Sportarten wie Golf und Fußball zu nutzen. Vom „Old Course" zu St. Andrews geht unter Golfern die Rede, da niemand wisse, wer ihn angelegt habe, müsse es wohl der liebe Gott persönlich gewesen sein.
Unbedingt als ersten Schritt hin zum modernen Golfspiel kann das von den „Gentlemen Golfer of Edinburgh" 1744 beschlossene Regelwerk betrachtet werden, welches sich darauf auch bei anderen Clubs durchsetzte. Die „Gentlemen Golfers" beschlossen weiterhin, unter diesem Datum ein offenes Golftunier mit möglichst vielen Teilnehmern auszuschreiben. Zudem gelang es ihnen, die Stadt Edinburgh zur Stiftung eines Ehrenpreises, nämlich eines silbernen Schlägers, als „ewigen Wanderpreis" zu bewegen. An dem Turnier nahmen dann allerdings doch nur die zwölf Gentlemen teil, die es ausgeschrieben hatten. Sieger wurde der Chirurg John Ratty, der danach für ein Jahr als „Captain of the Golf", also als Oberschiedsrichter in allen Streitfragen, fungierte. Unter seiner Leitung wurden schließlich am 1. Mai 1744 die berühmten dreizehn „Articles and Laws in Playing at Golf" verabschiedet. 1875 kamen dann noch sieben weitere Regeln hinzu. Freilich bezogen sich diese immer noch auf ein Spiel, das sich vom heutigen Golf in wesentlichen Punkten unterscheidet. Es war ein Loch-, und nicht wie heute ein Zählspiel; es gab keine räumliche Entfernung zwischen Grün und Tee.
Es mag scheinen, daß solche Daten und Anekdoten vor allem für jene interessant sind, die diesen Sport praktizieren. Nicht übersehen werden sollte, was sich darüber hinaus in ihnen ausdrückt: Schottland war und ist ein Land, in dem es die Menschen verlockte, sich „outdoor" zu bewegen, im Freien, vor einer eindrucksvollen Naturkulisse einer sportlichen Betätigung nachzugehen. Offenbar ist dies dort auch immer als ein Stück Lebensqualität aufgefaßt und genossen worden. Aber man muß nicht unbedingt Golfspieler sein, um auch heute in diesem Land jener Freuden teilhaftig zu werden, die aus der Begegnung mit der Natur und ihren Schönheiten erwachsen.

Ailsa Craig erhebt sich in vollkommener Unwirklichkeit aus dem Meer. Übersetzt aus dem Gälischen bedeutet der Name „Feen Felsen". In unseren Tagen nisten auf ihm Tausende weißer Seeraben. Daß man auch Feen dort trifft, halten manche Leute für durchaus möglich.

Landende. Davor überwältigende Meeresweite. Die Brandung kratzt nur am Kiltsaum. Trotz aller Entlegenheit haben Menschen hier Häuser hingebaut. Kiltrock, Isle of Skye.

Jene merkwürdige Landschaft zwischen Land und Meer: das Watt. Was auf den ersten Blick monoton erscheint, offenbart auf den zweiten Blick eine phantastische Vielfalt der Farben und Formen.

Isle of Skye, bei Bernisdale am Loch Snizort. Hier lehren einen Helligkeit und Dunkelheit das Wesen von Tag und Nacht neu zu entdecken.

Immer wieder sind es Wasserflächen, Himmelsszenarien und Felsformen, die, wie hier am Pennand Head, die Landschaft in ein Kunstwerk der Natur verwandeln.

Nächste Seite:

Tausende von Schafen scheinen das Kontinuum von Sanftheit und Ruhe zu verkörpern, das man in Schottland oft erfährt.

Zwanzig Meilen lang und acht Meilen breit gilt Jura als das wildeste und gebirgigste Eiland der Inneren Hebriden. Der Westen ist unbewohnt und schwer zugängig. Der Name leitete sich her vom norwegischen *dyr-oe*, übersetzt „Reh-Insel“. Noch heute übertrifft die Zahl der Rehe die der Menschen.

Glasgow: eine Stadt sucht ein neues Gesicht

Der Ortsname leitet sich her vom Gälischen „Glas-cu", „der liebe grüne Platz". Um Glasgow schätzen, um es lieben zu lernen, braucht man Zeit. Der Grund ist einfach: es gibt zu viel zu sehen. Und ist man damit einigermaßen zu Rande gekommen, dann sind da immer noch die Menschen, ein ganz anderer Menschenschlag als im nahen Edinburgh. Ob man es am Ort gern hört oder nicht, der Glaswegian ist Lowlander, einer, dessen Stimme einen harschen, metallischen Ton hat, im Unterschied zu der gewählten Kehligkeit der Edinburgher und der weichen Sprachmelodie der Highlander.

Für mehr als ein Jahrhundert war Glasgow die zweite Stadt des britischen Empire, und gegen Ende des viktorianischen Zeitalters war sie sogar die größte Stadt in Europa. Heute gilt das zwar nicht mehr, aber im weiteren Stadtgebiet leben immerhin 2,5 Millionen Einwohner, die Hälfte der schottischen Bevölkerung überhaupt.

Die prägende Struktur der Region ist der Fluß Clyde mit den traditionellen Werften. Diese wurden zu Ausbildungsstätten und zum Tätigkeitsfeld ganzer Generationen schottischer Ingenieure. Die ausländischen Minderheiten sind stark, überwiegend ist immer noch die irische. Glasgow ist die Stadt mit der größten gälischsprechenden Bevölkerung, und sie ist eine Fußballstadt. Im Dialekt sagt man von einem Fußballfan in Glasgow: „He's fitba daft". Und natürlich ist es ein Glaubensbekenntnis, ob man den Rangers (protestantisch) anhängt oder den Celtics (katholisch). Der Anhänger des jeweils anderen Vereins ist ein „sad bastard", wobei freilich der Ton, in dem das gesagt wird, die Musik macht. Denn Glasgow ist, das sollte man sich merken, eine Stadt, in der es rauh aber herzlich zugeht. Ein an „Southern Standard English" gewohnter Ausländer wird vom Dialekt von Glasgow zunächst so gut wie nichts verstehen. So jedenfalls ging es mir: an der Hotelrezeption, bei der Kellnerin im Restaurant mußte ich immer zweimal fragen, gewisse Fortschritte machte ich durch eine Unterhaltung beim Friseur, aber auch dort dachte ich zunächst immer, die junge Frau, die mir die Haare schnitt, spreche Gälisch. Dabei sind die Leute recht freundlich, und um Fremde, die sie als solche von der Intonation ihres Englisch sofort erkennen, geradezu rührend besorgt.

Wenn man wissen will, wie mit Glasgow alles begann, muß man sich in dem nicht weit entfernt liegenden malerischen mittelalterlichen Kohleexporthafen Culross umtun. Dorther stammt nämlich der Stadtheilige, der Heilige Mungo bzw. dort wurde er als Sohn der Prinzessin Thenew geboren. Die Kathedrale von Glasgow ist ein eigenwilliger Bau. Begonnen 1480, fertiggestellt im 15. Jahrhundert, wurde sie durch einen neogotischen Turm im 19. Jahrhundert beträchtlich verschandelt. Vor der Zerstörung im Bildersturm der Knoxschen Kulturrevolution bewahrte sie die Intervention der einflußreichen Kaufmannsgilden. Über die Gegenstände, die aus dem Siegel St. Mungos ins Stadtwappen gerieten, gibt es verschiedene Geschichten: den Vogel soll der Heilige wieder zum Leben erweckt haben, die Glocke erinnert an das

Gebet, der Baum sorgt, wenn nötig, für Brennholz und somit für Wärme, der Fisch und der Ring schließlich erinnern an den Ehebruch einer Königin, der ihr, nachdem sie ihn bereut hatte, auf wunderbare Weise von Gott vergeben wurde. Durch das abschüssige Gelände, auf dem die Kathedrale erbaut worden ist, ergibt sich eine Obere und eine Untere Kirche, in welcher das Grab des Heiligen Mungo liegt. Um die Kathedrale dehnte sich die mittelalterliche Stadt aus, von deren Aussehen das älteste Haus der Stadt, die „Provands Lordship" aus dem Jahre 1471, eine Vorstellung vermittelt. Die Nekropolis über der Kathedrale ist erst 1833 von einem gewissen John Strong angelegt worden, der sich dazu den Friedhof Père Lachaise zum Vorbild nahm. Die neoklassischen Tempel künden vom Reichtum und der Eitelkeit der Industriellen des 19. Jahrhunderts, die hier begraben liegen. Von der Anhöhe, neben der Säule, auf der ein mißmutig in die Gegend schauender John Knox steht, hat man eine ausgezeichnete Aussicht auf die Kathedrale und das sie umgebende Viertel.

Sklaven, Baumwolle, Tabak und Textilien machten Glasgow reich

Ein paar Stichworte zur Stadtgeschichte, die als „merchant city" im Stadtzentrum architektonisch Gestalt gewonnen hat, müßten folgendermaßen lauten: Der erste Reichtum war dem Umschlagplatz im Sklavenhandel und ab 1674 dem Haupteinfuhrhafen für Tabak aus Virginia zu verdanken. Später kam der Baumwollhandel hinzu, dann erlaubte die industrielle Revolution die Verarbeitung der aus den Südstaaten der USA eingeführten Baumwolle, womit die Stadt durch Zuwanderung der freigesetzten Highlander und irischer Auswanderer zu einer der wichtigsten Industriestädte Schottlands und ganz Englands wurde. Zwischen 1800 und 1900 wuchs die Bevölkerung sprunghaft von 77 000 auf 800 000. Ende des 19. und im 20. Jahrhundert lag der industrielle Schwerpunkt beim Schiffsbau und auf Textilien.
Im Zweiten Weltkrieg befand sich die Stadt außerhalb der Reichweite deutscher Bomber und wurde nicht zerstört. Nach 1945 aber erlebten ihre beiden wichtigsten Industrien einen rapiden Niedergang, wobei auch eine Rolle spielte, daß die Industrieanlagen nun weitgehend veraltet waren. In den 50er Jahren vollzog sich dann der endgültige wirtschaftliche Zusammenbruch. Die Stadt galt nun als Elendsquartier der Nation, und es kam zum Bau jener kaninchenstallartigen Hochhäuser in den altertümlichen Slumvierteln, wodurch die notorischen „Gorbals" durch moderne ersetzt wurden. Zusammen mit einer unüberlegten Streckenführung der Autobahn verschandeln sie seither das Stadtbild.
Wie sich der lauthals verkündete wirtschaftliche Aufstieg heute substantiell vollzieht, bleibt zumindest dem Fremden ein Rätsel. Gewiß, die Stadt hat 1988 das Garden Festival ausgerichtet, sie wurde 1990 „Kulturhauptstadt Europas" und wird sehr zum Erstaunen mancher Leute auch „Stadt der Architektur und des Design" werden. Aber können all diese Aktivitäten den Niedergang der Schiffsbauindustrie ersetzen? Was dem Fremden, der durch das Stadtzentrum spaziert, auffällt, sind die große Anzahl der „Zu vermieten"-Schilder, häufig an ganzen Gebäudekomplexen.
Auf ausführlichen Spaziergängen durch die Stadt läßt sich in Augenschein nehmen, daß Glasgow ein lebendiges Architekturmuseum aus der Vergangenheit und ein Musterkatalog moderner Fehlleistungen darstellt. Positiv: Kelvinbridge und Kelvingrove, oder im Zentrum Bauten aus der Gegenwart wie beispielsweise das St. Enoch Shopping Center; negativ: Bausünden wie die neuen Gorbals („Hängeregistratur für Menschen") oder St. George's Cross, wo ebenfalls großartige Beispiele Edwardianischer Architektur Wohnsilos weichen mußten; nicht zu reden von Townshead Interchange, wo nach der Anlage eines Autobahnverteilers von der alten Stadtstruktur nichts mehr zu sehen ist. Glasgow: eine Stadt sucht ein neues Gesicht.

Es fällt schwer, Glasgow zu lieben, wenn man nicht dort geboren wurde

So John Prebbles, der in Kanada aufgewachsene Verfasser einer Serie von Romanen, die dem Leser schottische Geschichte spannend, anschaulich und präzise nahebringen.

Es fällt leicht, fährt der Autor fort, die Stadt für häßlich zu halten, nur den Schmutz auf ihrem Gesicht zu sehen. (...) Es sind die Menschen, die Glasgow ausmachen, nicht seine arroganten, nach Geld stinkenden Bauten.

In Edinburgh, meint er, sei es möglich, aus der „National Portrait Gallery" herauszukommen und denselben Gesichtern aus dem 17. und 18. Jahrhundert, die man dort betrachtet hat, in der Schlange an der Bushaltestelle oder hinter der Theke eines Geschäftes zu begegen: Menschen mit hohen Wangenknochen, blasser Haut und sandbraunem Haar. Derlei werde man in Glasgow nie erleben, denn hier bestehe die Bevölkerung aus einem viel komplexeren Gemisch, aus Gesichtern, die selten in der Vergangenheit gemalt worden sind, weder als Prominenz noch als Diener am Rand oder im Hintergrund eines Gemäldes.

Ihre Vorfahren kamen aus Cork und Kildare, Lochaber und Morvern, von den bitteren Feldern und Städten Europas. Sie lebten gedrängt in heruntergekommenen Mietwohnungen und hofften, eines Tages so viel zu verdienen oder zu stehlen, um die Überfahrt nach Amerika oder Australien bezahlen zu könnnen. Sie machten Glasgow zu einer widerspenstigen, rohen, verwegenen Stadt. Ihre Verzweiflung versteckten diese Leute hinter einem sich abschottenden, aber erkenntnisträchtigen Humor. Sie spucken beleidigende Verachtung aus zerbrochenen Fenstern herab, trinken ihren Kummer in nachtdunklen Straßen fort, verteidigen ihre perverse Unabhängigkeit in Volksliedern von obszöner Verachtung und sprühen ihre Unehrerbietigkeiten mit Sprühdosen auf die purpurne Schmutzkruste, die über den Sandsteinmauern der Häuser liegt.

Glasgows industrielles Imperium und sein Mittelstand haben immer die Feindschaft der Arbeiterklasse fürchten müssen, ohne derer Arbeitskraft sie nie zu ihrem Wohlstand gekommen wären. Diese Spannung ist noch heute in der Stadt spürbar. Aus der abgrundtiefen Armut gab es in der Vergangenheit nur zwei Wege zu entkommen: das Meer oder die Armee.

Charles Rennie Mackintosh: am Ende seines Lebens ohne Aufträge und fast vergessen, heute gut vermarktet

Glasgow hat, was Architektur angeht, einen großen Sohn. Auch ich bin, als ich in Glasgow ankam, sofort in die Charles-Rennie-Mackintosh-Ausstellung gegangen, die 1996 in den McLellans Galleries in der Sauchiehall Street gezeigt wurde. Der inspirierte Architekt, dessen Bauten Vorbildcharakter für die europäische Moderne besitzen, hatte ein tragisches Lebensschicksal. Mackintosh kam am 7. Juni 1868 als Sohn eines Polizeibeamten in Glasgow zur Welt. Mit 16 Jahren wurde er Lehrling in einer Architekturfirma am Ort. In jener Zeit begann der Weg eines angehenden Architekten als Zeichner unter Besuch von Abendklassen. Mackintosh ging genau diesen Weg und schrieb sich 1884 in der Glasgow School of Art ein. Sein Talent fiel schon dort auf, da er immer wieder Preise für Malerei und Architekturstudien gewann.
Nach Abschluß seiner Lehrzeit 1890 erhielt Mackintosh das begehrte Alexander-Thomson-Reisestipendium in Höhe von 60 Pfund. Damit verbrachte er einige Monate in Frankreich und Italien, eine Reise, von wo er Skizzen von Bauwerken der Renaissance mitbrachte. Zu dieser Zeit wurde er von Francis Newbery, dem Direktor der Glasgow School of Art, auf eine junge Frau namens Margaret Macdonald aufmerksam, in deren Arbeiten er verwandte eigene Züge festzustellen meinte. Welcher Art dieser Stil war und welche Einflüsse in ihn eingingen, beschreiben Charlotte und Peter Fiell in ihrer Monographie:

Mackintosh entwickelte seinen persönlichen Stil, indem er Inspiration aus vielen Quellen bezog und sie zu einer symbolischen, ganz individuellen Formsprache verband. Die uralte keltische Tradition beeinflußte ihn stark, wie sich besonders an seinen frühen Aquarellen, z. B. „The Tree of Personal Effort" und „The Tree of Influence", erkennen läßt. Mackintosh identifizierte sich mit der heidnischen Naturverehrung der Kelten, die den Menschen Eigenschaften von Bäumen zuschrieben, z. B. die Kraft der Eiche. Im Mittelpunkt der keltischen Mythologie stand „The Craobh an Eolais" (Der Baum der Erkenntnis), ein lebenswichtiges Bindeglied zwischen Menschen und Götterwelt.

Andere Einflüsse kamen vom farbigen japanischen Holzschnitt. Japanische und persische Kunst waren in der Kunstgewerbeausstellung der Glasgow Corporation 1882 zu sehen gewesen. Die sogenannten „Glasgow Boys" – eine Gruppe, die dem Nachimpressionismus zuzurechnen ist und zu der Edward Atkinson Hornel (1864 – 1933) und George Henry (1858 – 1943) gehörten – hatte sich stark von japanischer Kunst beeindrucken lassen.
Gewiß sind Mackintoshs, aber auch die Arbeiten der Mitglieder der „Aesthetic Movement" wie Edward William Godwin (1833 – 1886) und James Abbott McNeill Whistler (1834 – 1903), bekannt gewesen.

Diese vom Ornament ausgehende anglo-asiatische Stilrichtung, die in der Dichtung und dem dekadenten Lebensstil Oscar Wildes (1854 – 1900) und den späten Zeichnungen Aubrey Beardsleys (1872 – 1898) ihren Ausdruck fand, stand im Gegensatz zur Arts-and-Crafts-Bewegung.

Mackintosh stellte Margaret und deren Schwester Frances seinem Freund und Kommilitonen Herbert MacNair vor. Zusammen erarbeitete die Gruppe der sogenannten „Glasgow Four" ein eigenständiges Vokabular der dekorativen Formen, das sie bei Metallarbeiten, Postern, Stickereien und Möbeln, aber auch in Gemälden anwandten. Über ihre Versuche machten sich Mitte der 90er Jahre nicht nur das künstlerische Establishment in Glasgow und London, sondern auch Mitstudenten lustig. Die Arbeiten der Vier entwickelten sich zum Glasgower Stil. Wegen ihrer berühmten Teegesellschaften, zu denen Hahnenkämpfe und Seifenblasenspiele gehörten, bekamen die Vier den Spitznamen „Spook School" (Geister-Schule).

In ihrem geistigen und mystischen Gehalt, so urteilen die Fiells, bezog die Arbeit der Glasgow Four nicht zuletzt auch Impulse aus der sentimentalen Rückwendung der Präraffaeliten zum Mittelalter, zu deren Verlangen, der Gegenwart in eine Welt eines schönen Bedauerns zu entfliehen.

Und William Gaut schreibt in seinem Buch „The Pre-Raphaelite Dream", daß die Bruderschaft dieser Kunstrichtung ihre Epoche als ein im wesentlichen materialistisches, von Maschinen beherrschtes Zeitalter betrachtet, das sie nicht akzeptieren konnten (...), „aus diesem Grunde lebten sie Phantasieleben, die sie aus Quellen außerhalb des sie umgebenden Materialismus speisten."
1889 trat Mackintosh in das Architekturbüro von John Honeyman ein, der kurz darauf John Keppie als neuen Partner einstellte. Mackintosh und Keppie arbeiteten gemeinsam an einer ganzen Anzahl von Aufträgen, so am Entwurf der Medizinischen Fakultät für Frauen, ein Gebäude, das heute in das der schottischen BBC integriert ist. Von Mackintosh allein stammte der Entwurf für

ein neues Gebäude der Glasgow Art School 1896, der aus Geldmangel aber nicht gleich zur Ausführung kam.
Um diese Zeit äußert er sich auch theoretisch zu architektonischen Fragen und kommt zu dem Schluß, daß Architektur gleichermaßen den Geist wie den Körper berücksichtigen müsse. Die Kurven und quadratischen Formen, die sich im ganzen Komplex der Glasgow School of Art finden lassen, versinnbildlichen in Anlehnung an Carl Gustav Jung (1875 – 1961) jeweils Leib und Seele. Zudem war Mackintosh der Überzeugung, daß der Ausdruck von Schönheit eines Gebäudes ebenso bedeutend sei wie dessen physikalische Funktion. Nützlichkeit allein ließe sich ohne Berücksichtigung der Umgebung nicht rechtfertigen.

Der Tearoom als Salon der Schönheit. Selbst die Kleider der Kellnerinnen waren Teil des Designs

1899 bestellte Miss Cranston bei Mackintosh die Inneneinrichtung für einen Teesalon in der Argyle Street 114, den sie mit einem Restaurant kombinierte und zusätzlich mit Billardtischen und einem Raucherzimmer ausstattete. Später folgten zwei weitere Restaurants in der Ingram- und in der Buchanan Street; 1903 erwarb sie das Grundstück für den Willow Tearoom in der Sauchiehall Street. Catherine Cranston war insofern eine außergewöhnliche Kundin, als sie Mackintosh finanziell und künstlerisch fast völlig freie Hand ließ.
1900 heiratet Mackintosh Margaret Macdonald, während sein Freund Herbert MacNair schon ein Jahre zuvor deren Schwester Frances geehelicht hatte. Margaret war zu diesem Zeitpunkt sechsunddreißig Jahre alt, eine emanzipierte Frau, deren eigene große künstlerische Begabung Mackintosh mehrfach klar betont: „Margaret ist ein Genie, ich habe nur Talent.“ Tatsächlich ist diese emanzipierte Frau mit dem kastanienfarbigen Haar auch seine Seelengefährtin gewesen, die ihn während ihrer achtundzwanzigjährigen Ehe immer ermutigte, seinen Weg zu gehen und an vielen seinen Arbeiten in mehr oder minder großem Ausmaß beteiligt gewesen war. Vor allem gilt dies für die Innenausstattung der von ihm erbauten Häuser.
Zeugnisse des Mackintosh'schen Schaffens gibt es im heutigen Glasgow noch viele. Vor allem ist da natürlich die Glasgow School of Art in der Renfrew Street mit der zauberhaften Bibliothek, die Queen's Cross Church in der Garscube Road, die Martyrs Public School und einer der vier oben erwähnten Tearooms. Was man in der großen Ausstellung sieht, sind daneben vor allem die eindrucksvollen Innenausstattungen. Natürlich sind wir nach dem Besuch der Ausstellung auch zum Willow Tearoom in der 217 Sauchiehall (=Weiden) Street gepilgert, einer einigermaßen getreuen Nachbildung des 1904 von Makkintosh ausgeführten Ensembles. Beim Anblick des Kitsches, der in den Geschäftsräumen zu ebener Erde verkauft wurde, hätte es dem 1928 gestorbenen Architekten wahrscheinlich den Magen umgedreht.

Ein weißes Haus auf dem Hügel, umgeben von einem schönen Garten und mit Blick auf eine Flußmündung

Ungetrübtes ästhetisches Vergnügen hingegen bietet ein Besuch in Hill House, das sich heute in den Händen des National Trust for Scotland befindet. Es liegt in Helensburgh, wie der Name besagt, auf der Kuppe eines Hügels, von dem aus man auf Port Glasgow und die Clydemündung sieht. Das Haus wirkt in seiner Außenform wie ein abstrakt-asymmetrisches Denkmal, mit perfekter Balance zwischen fester Materie und leerem Raum. Ein Fragezeichen läßt sich hinter die Behauptung setzen, daß, wie in der Broschüre des National Trust behauptet wird, die Inneneinrichtung allen Erfordernissen entsprach, die sich aus der Lebensweise der Besitzer, des Verlegers Walter Blackie, ergaben. Freilich hatte Mackintosh, ehe er das Projekt in Angriff nahm, darauf bestanden, ein Wochenende im Haus der Bauherren in Dunblane zu verbringen, um zu erfahren, wie die Familie ihr Privatleben organisierte. Dennoch: Hill House ist vor und über allem ein Märchen an Schönheit, bei dem einem Verse von Hofmannsthal oder Stefan George einfallen. Mackintosh teilte mit Blackie, dem Bauherrn, die Abneigung gegen jene damals modische Mischung von Tudor-, gotischen und klassischen Details, bei denen wenig Rücksicht auf den Standort des Hauses und das Klima des Landes genommen wurde. Er fügte im Grunde „nur“ traditionelle Elemente schottischer Architektur im Geist der Moderne zusammen. Nicht immer war das Verhältnis zwischen Bauherrn und Architekt vollkommen harmonisch.

Der Wunsch nach dem Schieferdach wuchs sich zu einem Problem aus, denn während Hill House gebaut wurde, traten die Arbeiter im Schieferbruch Ballachulish in den Streik. Zur Enttäuschung des ungeduldig werdenden Blackie bestand Mackintosh auf dem Schiefer, und so verzögerte sich die Errichtung des Hauses um sechs Wochen.

Die ästhetische Grundforderung von William Morris, der eine Generation vor Mackintosh lebte, arbeitete und gegen Kitsch am Bau polemisierte, verlangte nach Schönem und Nützlichem. Keine Frage: Mackintosh wird sich bei Hill House auch über das Nützliche Gedanken gemacht haben. Aber es dominiert der Zug zum Schönen. Und warum eigentlich nicht? Was spricht dagegen, in einem Haus zu wohnen, das insgesamt und in jedem seiner Räume einem ständig Schönheit vor Augen führt?

Ein tragisches Leben. Der Krieg bringt eine Karriere zum Erliegen, die hoffnungsvoll begann

Es ist hier nicht Raum, um ausführlich auf die Lebens- und Werkgeschichte Mackintoshs einzugehen. Immerhin soll deren tragischer Zug erwähnt werden. Der geniale Raumkünstler bekam nach dem Ersten Weltkrieg kaum mehr Aufträge oder, wo man Entwürfe bei ihm bestellte, wurden sie bei ihrer Ausführung entstellt. Der Architekt par excellence, dieser Mann, der gezeigt hatte, daß Architektur als Kunst von eigenem Rang praktiziert werden kann, gab 1923 enttäuscht die Architektur auf und malte nur noch Aquarelle, die durchaus eine individuelle künstlerische Note haben, aber verglichen mit Mackintoshs Leistungen im architektonischen Bereich eher blaß wirken. Ehe Mackintosh sie überhaupt ausstellen konnte, starb er in London an Krebs.
Schon in der Ausstellung in Glasgow, erst recht bei der Betrachtung von Hill House, war in mir Zorn aufgestiegen, Zorn angesichts der Mißachtung der Leistung dieses Mannes zu seinen Lebzeiten, Zorn auch darüber, daß ein verdammter Krieg eine zunächst hoffnungsvolle Karriere völlig zum Erliegen brachte, Zorn schließlich darüber – und hier bin ich vielleicht ungerecht – mit welcher Selbstverständlichkeit sich heute eine Gesellschaft, die diesen Mann zum Aufgeben seiner Kunst zwang, mit seinen Werken schmückt, sie touristisch vermarktet.

Das „Haus für den Kunstlieberhaber" ist schließlich doch Wirklichkeit geworden

Am Donnerstag, dem 22. August 1996, las man im „Scotsman" unter der Überschrift „Kunstliebhaber sehen, wie Mackintoshs Haus zum Leben erweckt wird", dies:

Fast hundert Jahre nachdem Charles Rennie Mackintosh sich an einem Architektur-Wettbewerb beteiligte, der sein internationales Ansehen begründete, ist das Eröffnungsdatum eines 3-Millionen-Projektes bekannt gegeben worden.
Das „Haus für einen Kunstliebhaber", die Antwort des Architekten auf einen deutschen Wettbewerb, ein großes Haus im modernen Stil zu entwerfen, wird nach siebenjähriger Bauzeit in Bellahouston Park zu Glasgow am 26. Oktober eröffnet werden. Es stellt das Testament eines der berühmtesten Söhne der Stadt dar und wird als internationales Zentrum der Glasgow School of Art für die Forschung und für postgraduierte Studien in Architektur, Design und Schöne Künste dienen. Es ist zu erwarten, daß es Studenten aus der ganzen Welt anziehen wird. Mehr als 25 000 Besucher werden im ersten Jahr in dem 21 000 sq. ft. großen Haus erwartet.
Der Wettbewerbsbeitrag Mackintoshs gewann 1901 eine besondere Auszeichnung und erntete viel Lob. So sagte damals der deutsche Architekt Hermann Muthesius: „Der äußere Eindruck des Gebäudes hat absolut originellen Charakter und kann mit nichts Bekanntem verglichen werden. In ihm findet sich auch nicht eine Spur konventioneller Formen von Architektur ..."

25 000 Besucher im ersten Jahr – vielleicht trifft es ja zu, wenn uns ein Hotelier den Tourismus als die zukünftige Haupteinnahmequelle Glasgows beschrieb. Es dürfte interessant sein, die Verwandlung einer Stadt der Schwerindustrie in eine Stadt der Kunst zu verfolgen.

Ein reicher Mann sammelt und ein Museum der Alltagskultur

Nun, Mackintosh und die Malerschule der Glasgow Boys, die die „Plein-Air-Malerei" der französischen Impressionisten für Schottland entwickelte, sind nicht die einzigen künstlerischen Attraktionen, die Glasgow zu bieten hat. Eine etwas ungewöhnliche Sammlung, da von dem individuellen Geschmack eines privaten Sammlers geprägt, in einem museumsarchitektonisch interessanten Bau, stellt die Burrell Collection dar. Sir William Burrell, ein Reeder, der auf Hutton Castle, westlich von Berwick-upon-Tweed wohnte, kaufte, was ihm gefiel – und nur das. 1943 übergab er seine Kunstsammlung der Öffentlichkeit unter der Bedingung, daß sie in ländlicher Umgebung, in der keine Luftverschmutzung herrsche, aber an einem Platz nicht weiter als 16 Meilen von der Königlichen Börse entfernt, untergebracht werden müsse. Für Jahrzehnte schienen diese Bedingungen unerfüllbar. Orte, die in Frage gekommen wären, waren bei Überprüfung von Luftverschmutzung nicht verschont geblieben. Dann, Ende der 60er Jahre, sorgte das „Clear Air Act" dafür, daß die entsprechenden Belastungen drastisch sanken. Zudem wurde der Stadt das große Areal des privaten Pollok Country Parks geschenkt. Nun konnte mit dem Bau eines Museums begonnen werden, das 1983 seine Pforten öffnete.
Wie gesagt, wer Ausgewogenheit sucht, wird enttäuscht sein. Aber warum nicht einmal betrachten, was einem reichen Mann aus Glasgow gefiel? Eindrucksvoll beispielsweise gleich am Eingang das Sandsteinportal aus Hornby Castle in Yorkshire. Burrells besondere Vorliebe galt Gobelins. Mir schienen solche großen Bildteppiche bis dahin immer vor allem als Staubfänger. Seitdem ich die auserlesenen Stücke der Burrell Collection betrachtet habe, bin ich da anderer Meinung. Burrell selbst hatte sich zum Spezialisten für Gobelins und Glasmalerei ausgebildet und hielt selbst Vorlesungen über diese Bereiche des Kunsthandwerks.
Für diesen Nachmittag stand noch die Besichtigung des „People's Palace" auf dem Programm, das man als Museum städtischer Alltagsgeschichte charakterisieren könnte. Ich war von dem riesigen, halbkreisförmigen Glashaus, das sich an das Museum anschließt, und seiner

Pflanzenpracht – dies alles bei einem guten schottischen Tee genießend – so beeindruckt, daß ich für die Ausstellungsgegenstände im Haus der Volkskultur, beispielsweise Zeugnisse über den Sklavenhandel, die Suffragetten oder die Wohnverhältnisse der Slumbewohner, nicht die rechte Konzentration aufbrachte und vor Schließung des Hauses unbedingt noch einmal ein paar Minuten in den „Winter Gardens“ verbringen wollte, wo eben die Blumenpreise für den am nächsten Tag stattfindenden Stadtmarathonlauf bereitgestellt wurden.
Der Weg zum Hotel zurück führte uns durch die Saltmarket Street zur Trongate. Es war Zeit für das spätnachmittägliche Pint Ale, und wir tranken es in einem irischen Pub, in dem es mir schien, daß im Hintergrund die IRA das Heft fest in der Hand habe. Es gab gefühlvolle irische Musik und Männer am Tresen, die nur auf ihr Stichwort zu warten schienen, um für eines der Theaterstücke von Sean O'Casey auf die Bühne gerufen zu werden. Es kam mir vor, als sei ich für die Zeit eines geruhsam getrunkenen Pints nicht Tourist, sondern eingetaucht in den Alltag Glasgows.

Das Westend: eine Universität, das Kelvingrove Museum und ein prächtiger botanischer Garten

Das ist ein schöner Sonntagsspaziergang! Von der Sauchiehall Street zu der von Mackintosh entworfenen „Glasgow School of Art“, die ob der finanziellen Engpässe in zwei Abschnitten (1897 – 1899 und 1907 – 1909) errichtet wurde und als Höhepunkt von Mackintoshs Schaffen gilt. Man sieht sich einem rechteckigen Bau aus Sandstein gegenüber, an dem die beiden Bauabschnitte, frühe strenge Linien im Ostteil und die weicheren Linien im Westteil, sich klar voneinander abheben.
Geht man weiter, so kommt man an den Häusern reicher Kaufleute vorbei, die sich während der industriellen Revolution hier dem Schmutz und Lärm zu entziehen versuchten. 1870 zog die alte Universität aus der Nähe der Kathedrale hierher um. Ihre Gebäude erheben sich mit neogotischen Türmen und Türmchen über dem Flüßchen Kelvin, auf dessen anderem Ufer das Kelvingrove Museum liegt. Gestiftet wurde es von den großen Industrieherren der Stadt, deren Geschmack und Lebensgefühl es auch demonstriert. Der gewaltige Bau aus rotem Sandstein, mit allerlei allegorischen Gestalten an den Außenwänden, spiegelt das forsche Selbstvertrauen der Stadt im 19. Jahrhundert. Schräg gegenüber in der Kelvin Hall liegt das „Transport-(Verkehrs-)Museum“. Durch ein von den Professoren und Studenten geprägtes Viertel gelangt man hinüber zur Great Western Road und zum botanischen Garten. Meine Vorliebe für Glashäuser ist dem Leser schon bekannt. Hier steht Kibble Palace, früher auch Crystal Palace genannt. Ein Großgrundbesitzer hatte das Gebäude ursprünglich an den Ufern des Loch Long aufstellen lassen. Später entschloß er sich, es auf einem von einem Dampfschiff gezogenen riesigen Floß nach Glasgow bringen zu lassen. Dort beherbergte es für zwanzig Jahre, nicht wie heute exotische Pflanzen aus Trockensteppen, sondern ein viktorianisches Vergnügungsetablissement.

Was vor der Tür liegt: New Lanark oder artig, sauber und produktiv

Wir hatten es uns zur Gewohnheit gemacht, von den Großstädten aus kleinere Ausflüge zu unternehmen, für die wir die öffentlichen Verkehrsmittel benutzten. So waren wir von Edinburgh aus im malerischen Culross gewesen, jener kleinen Hafenstadt, in der früher Kohle gefördert wurde. Die Schächte waren bis mehr als eine Meile unter den Meeresboden vorangetrieben. König James VI., dem man die Anlage zeigte und der sich plötzlich auf einer kleinen Insel mitten im Wasser befand, rief „Verrat!“, und man mußte ihm erst erklären, daß er sich nun auf der Anlegestelle befand, an der die Schiffe direkt vom Schacht aus beladen wurden. Culross mit seinem Kaufmanns-Palast und dem Town House war eine Reise wert gewesen. Nicht zuletzt auch deswegen, weil man dabei, um dorthin zu gelangen, über das Meisterwerk schottischer Ingenieurkunst fährt, die zwischen 1883 und 1890 erbaute Forth Rail Bridge.
Nun, von Glasgow aus fuhren wir nach Lanark in Strathclyde, zur Endstation der Bahnlinie und wanderten dann nach New Lanark. Dort errichtete im 18. Jahrhundert ein philantropisch gesinnter Industrieller, David Dale, in Partnerschaft mit einem gewissen Richard Arkwright am River Clyde ein Dorf aus Sandsteinhäusern und Fabrikgebäuden, manche bis zu sieben Stockwerken hoch. Es war ein Experiment mit einer großen Wohngemeinschaft von Arbeitern, die in einer Baumwollspinnerei angestellt waren. Fortschrittlich war vor allem das Schulwesen für die schon berufstätigen Kinder und der nach genossenschaftlichen Prinzipien betriebene Laden. Dale und Arkwright trennten sich schließlich, aber neu hinzukam Dales Schwiegersohn Robert Owen (1771 – 1858), der nach Braxfield House zog.
Owen verließ Schottland 1827 und ging nach Amerika, um dort ein ähnliches Experiment, die Siedlung New Harmony, ins Leben zu rufen. Die Fabrik in New Lanark schloß 1960, und es bildete sich dann die New Lanark Association, die die alten Gebäude erhält und in ihnen den Touristen in einer Schau die Arbeits- und Lebensbedingungen im 19. Jahrhundert nahezubringen versucht.
Auf mich machte die New-Lanark-Show einen zwiespäl-

tigen Eindruck. Natürlich ist die Darstellung der damaligen sozialen Verhältnisse interessant, aber wo soziale Not als Touristenattraktion vermarktet wird, während gleichzeitig ein ausgedehnter „Wolltempel" zum Kaufen animiert, entsteht im Bewußtsein des Besuchers eine Atmosphäre des Absurden, die freilich selbst wiederum nicht ohne ironischen Reiz ist.

Schottische Literatur der Gegenwart: „Landkarten der Wünsche"

Was in einer staatenlosen Nation bleibt, könnte gut und gern ihr Bewußtseinszustand sein, und es ist die Literatur, in der er sich abbildet.

Dieser Satz stammt von Roderick Watson, seines Zeichens Professor für schottische Literatur an der Universität Stirling.

Was den Berichterstatter angeht, so stellt er sich vor, daß es immer noch Menschen gibt, die ihre Urlaubsreise unter anderem auch dazu benutzen, ein Stück moderne Literatur ihres Gastlandes kennenzulernen. Ein solcher Entdeckungsgang ist, selbst wenn die Sprachbarriere nicht besteht, dennoch meist gar nicht so einfach.

Scott und Burns werden im Kapitel „Lowlands" zumindest skizzenhaft vorgestellt. Ich benutze den Abschnitt über Glasgow, um ein paar Worte über Autoren Schottlands zu verlieren, die mir auffielen, deren Bücher ich gekauft und gelesen habe.

Die Wiedergeburt schottischer Literatur begann nach dem Ersten Weltkrieg mit einer Bewegung, die man gewöhnlich als schottische Renaissance bezeichnet und ist vor allem verbunden mit dem Namen von Hugh Mac Diarmid (1892 – 1978). Der Begriff läßt sich im engeren Sinn als Bezeichnung für eine literarische Gruppe interpretieren, die versuchte, die schottische Volkssprache für seriöse literarische Werke zu benutzen. Weiter gefaßt versteht man darunter eine Anzahl von Dichtern, Romanautoren und Stückeschreibern, die nicht durch ein enges Programm verbunden waren, aber alle dazu beitragen wollten, daß die schottische Kultur lebendig blieb. Hugh MacDiarmid, der in erster Linie Lyriker war, warb als Essayist für die Wiederherstellung einer unabhängigen schottischen Nation. In „Zeitgenössischen schottischen Studien" (1926) und anderen Prosaschriften brachte er immer wieder seine Überzeugung zum Ausdruck, daß der Künstler sich mit dem Kampf um die Herstellung der Nation identifizieren solle. Parallel dazu verlief sein Bestreben, die schottische Lyrik zu revolutionieren, ein Prozeß, der in den Bänden „Sangschaw" (1925), „A Drunk Man Looks at the Thistle" (1926) und in „In Memoriam James Joyce" (1959) zu verfolgen ist.

Edwin Muir (1887 – 1959) war zunächst Kritiker und Übersetzer. Ab 1936 macht sich bei ihm ein Pessimismus in Bezug auf die Überlebenschancen des Schottischen und die Zukunft Schottlands als Nation breit. Seine Gedichtbände, zuletzt „One Foot in Eden" (1956), sind spirituelle Erkundungsfahrten, in denen Geschichte, Erinnerung und Mythos eine Rolle spielen: dichte Bilder seiner Kindheit auf den Orkneys und Ängste über die gegenwärtige europäische Politik treten als Themen immer wieder hervor.

Bei Neil Gunn (1891 – 1973) stoßen wir auf eine höchst eigenartige Verbindung von keltischer Mythologie, Zen-Buddhismus und dem Genre der Parabel.

Daß eine auch in Deutschland übersetzte, sich auf der Grenze zwischen dem historischen und phantastischen Genre bewegenden Autorin, nämlich Naomi Mitchison, Schottin ist, wurde hierzulande nicht beachtet und wird auch in der angelsächsischen Welt häufig übersehen. Mitchisons bekanntester Titel lautet „The Corn Kind and the Spring Queen". Als Beispiel des modernen psychologischen Romans wäre Muriel Spark mit „The Prime of Miss Jean Brodie" zu erwähnen, ein Buch, aus dem man vieles über die Edinburgher Mittelschicht erfährt.

Unter den wichtigen Autoren der Gegenwart ragt Alasdair Gray, geboren und aufgewachsen in Glasgow, hervor, den Anthony Burgess als den ersten bedeutenden schottischen Autor seit Sir Walter Scott bezeichnet hat. Lesenswert sind von ihm, der auch Porträt- und Mauermaler ist, vor allem der 1981 erschienene, auch in deutscher Sprache (bei 2001) vorliegende Roman „Lanark". Es ist der Bericht aus einer modernen Hölle und vielleicht die Fortsetzung einer Stimmungslinie der Düsternis und der Abgründe der menschlichen Seele, die in Schottland eine weitzurückreichende Tradition hat.

Erzählt werden die ineinander verwobenen Geschichten von Lanark und Duncan Thaw, in den in Auflösung befindlichen Städten Unthank und Glasgow. Die Eigenart dieses Werkes ist seine überwältigende surreale Imagination. Es ist auf indirekte Weise politisch, und sein Pessimismus leugnet doch nie unsere Fähigkeit zur Liebe und unsere verzweifelte Notwendigkeit zu lernen, wie man liebt. Brian Aldiss hat die im Roman evozierte Stimmung auf den Punkt gebracht, als er schrieb: „Es ist die Saga einer Stadt, deren Realität etwa so zuverlässig ist wie eine Uhr von Salvador Dali."

Und dann sind da die noch Jüngeren! In William MacIlvanneys beiden Büchern „Docherty" (1975) und „The Big Man" (1985) wie auch in anderen Romanen der sogenannten „Third Generation", geht es um Klassenloyalität und die Schwierigkeiten einer Gesellschaft, die durch den Verfall der Ethik in Gefahr gerät. In „Docherty" kämpft ein Mann gegen ein System, das als unpersönlich, unerreichbar, von Vorherbestimmung regiert und als unveränderbar dargestellt wird. Bezeichnend für die Haltung der Menschen in diesen Geschichten sei, schreibt Roderick Watson, was zu Beginn der Handlung von „Docherty" der alten unverheirateten Frau, Miss Gilfillan, zum Stichwort „Unabhängigkeit" einfalle, nämlich dies:

Sie spürte, es war an diesem Platz ein lächerliches Wort, denn mit welchem Anrecht konnte irgendjemand, der hier lebt, Anspruch auf Unabhängigkeit erheben? Sie waren alle Sklaven von irgendetwas, von der Grube, der Fabrik, den Familien, von den Kindern, die aufwuchsen und das Leben der Eltern mit Mauern umgaben, dem Trinken, das Entkommen versprach und am ruchlosesten den Menschen einsperrte. Jedwelcher Mietling, dem sie dienten, verdankte seine Autorität einem gemeinsamen Herren: Geld, der Macht, die sich für einen anderen daraus ergab, daß man selbst keines hatte. Armut hatte sie in dieses Zimmer gebracht. Es definierte den Bereich ihres Lebens wie ein Zaun. Dennoch begegnete sie in diesem Bereich Mr. Docherty, also jemandem, der so tat, als sei er aus freiem Willen hier, als spüre er die Fesseln nicht, die er trug, als merke er nicht, daß er blute.

MacIlvanneys Überzeugung ist die: wir sind alle Sklaven des Kapitalismus oder unserer Sterblichkeit, und alles, was wir tun können ist, die uns zugestandene Spanne Leben mit Stolz und Anstand hinter uns zu bringen.

In „Big Man" heißt die Hauptperson Dan Scoular. Ein Mann, der in Kämpfen mit der nackten Faust meist den Sieg davonträgt. Er lernt die Hohlheit solcher Siege einsehen und wird sich schließlich wieder mit seiner Frau Betty versöhnen. Für die aber bedeutet eine solche Versöhnung ein abermaliges Risiko, weil sie sich mit Dan auch wieder auf dessen Welt der Gewalttätigkeiten einläßt. Die letzten Sätze umschreiben einen existentiellen Stoizismus als einzigen heute noch gültigen Wert, der einem solchen Mann bleibt.

In dieser Haltung sind McIlvanneys Helden verwandt mit denen von James Kelman. Sein Roman „The Busconductor Hines" ist die Geschichte eines Mannes mit einem langweiligen Job und einer grenzenlosen Phantasie; „How Late it Was, How Late" hingegen stellt eine anrührende Studie über einen blinden Betrunkenen in Glasgow dar. Zu „Busconductor Hines" merkt Roderick Watson an:

Es scheint ein weiter Weg von „Deirdre von den Sorgen" (der großen unglücklich Liebenden der keltischen Frühzeit) zu Kelmans Helden. Aber ich frage mich, ob da tatsächlich eine so große Veränderung vor sich gegangen ist, wie es zunächst den Anschein hat, denn beide Gestalten machen den Versuch, sich eine Identität aufzubauen, die sie schottisch sein läßt und bemühen sich, darin einen Wert zu erblicken. Ist dies nicht derselbe Prozeß, der einst als keltisch bezeichnet wurde und nun unter dem Stichwort „Arbeiterklasse" abläuft, ein Prozeß, in dem wir nach unserem „verlorenen Bewußtsein" oder ein noch „lebendiges Teil" im Körper der Politik suchen? Die schreckliche Fixiertheit von Kelmans Charakteren macht mir Angst, und während ich ihre Fähigkeit zu überleben, oder aus den gegebenen Bedingungen das Beste zu machen, bewundere, scheinen sie mir doch alle gefangen, auf jene Art, in der Wladimir und Estragon in „Warten auf Godot" gefangen wirken. (Wladimir: „Nun sollen wir gehen?" Estragon: „Ja laß uns gehen." Sie bewegen sich nicht.) Die Vorstellung, daß man nichts tun kann, ist akzeptabel unter einer metaphysischen Perspektive, aber störend (wie es Kelman ja meint) in einem Genre, das sich selbst als Realismus präsentiert.

Watson macht aus seiner Abneigung gegenüber der geschlossenen, monologisch-maskulinen Welt eines MacIlvanney oder eines Kelman, gegenüber dem gewalttätigen Nihilismus der Jungen aus den Blocks mit den Sozialwohnungen oder auf den Rängen der Fußballstadien, wie er von der jüngsten Autorengeneration beschrieben wird, kein Hehl, er bescheinigt ihnen aber gleichzeitig die ausgeprägte Fähigkeit, kreative Prosa zu schreiben, deren Dialoge stimmen, und daß sie sich in dem Milieu, von dem sie schreiben, genau auskennen. Darin aber sieht er in der Welt von Autoren wie Kelman ein Gran Optimismus oder wirklicher Freiheit, mit der sie sich in eine Bewegung der Dekolonisierung und Selbstbestimmung einreihen.

Ein besonder Fall, ein Autor einer qualitativ hochstehenden Unterhaltungsliteratur, ist Iain Banks, der gleich unter zwei Autorennamen schreibt und dessen Quasi-Krimis und Geschichten voll schwarzen Humors viel von den spezifischen Bedingungen der schottischen Gesellschaft heute transportieren. Sein zehntes Buch in acht Jahren „The Crow Road" wird eben von der BBC für das Fernsehen verfilmt. Es beginnt mit dem ironiegetränkten, Spannendes versprechenden Satz:

Es war der Tag, an dem meine Großmutter explodierte. Ich saß im Krematorium und hörte zu, wie mein Onkel Hamish ruhig und in Harmonie mit Bachs b-Moll-Messe schnarchte. Ich dachte darüber nach, daß es offenbar immer der Tod war, was mich nach Gallanach zurückbrachte.

So oder ähnlich geht es eigentlich immer bei Iain Banks los. Ein anderes Beispiel wäre „The Wasp Factory", deren makabre Eröffnungssätze lauten:

Zwei Jahre nachdem ich Blyth getötete hatte, ermordete ich meinen jungen Bruder Paul aus ganz anderen und mehr fundamentalen Gründen, die dafür ausschlaggebend waren, daß ich mich Blyth' entledigte; wieder ein Jahr später mußte meine junge Cousine Esmeralda daran glauben, mehr oder minder aus einer Laune heraus. So sieht mein Punktekonto heute aus. Drei. Ich habe seit Jahren nicht mehr getötet und habe nicht vor, es wieder zu tun. Es war für mich ein Art Durchgangsstadium.

Man sollte ob solcher Sätze Banks nicht unterschätzen. Auf unterhaltsame Weise erfährt man in seinen Büchern vieles über Schottland. Und darum muß es ja für den Fremden gehen: eine vom Autor erfundene Geschichte erhellt Bereiche einer Gesellschaft, die uns die bloße Sachinformation nicht erschließt. Darum die Empfehlung: entdecken Sie – wo immer dies möglich – ein Land in seiner Befindlichkeit unter der Außenhaut durch die zeitgenössische Literatur! Was Schottland angeht, habe ich hierzu nicht mehr als ein paar Anregungen geben können, die ich meinerseits wiederum zufälligen Entdeckungen wie beispielsweise einer kleinen Ausstellung über Alasdair Gray in der Nationalbibliothek in Edinburgh oder den Hinweisen freundlicher, kulturvermittelnd tätiger Menschen verdanke, wie Eberhardt Bort in Edinburgh einer ist.

Wer durch Schottland fährt oder wandert, meint manchmal, es gäbe in diesem Land mehr Schafe als Menschen. Daß man mit dem Fleisch und der Wolle der Tiere noch wie im 19. Jahrhundert gute Geschäfte machen kann, ist schwer denkbar.

Pinminoch, Strathclyde. Die sanftgeschwungenen Hügel hat der harte Wind kahlgefegt. Die Gebücke teilen die Schafherden der Nachbarn voneinander.

Eine typische Landschaft der Highlands. Daß man hier früher vorwiegend vom Rinderdiebstahl lebte, scheint einleuchtend. Daß geraubte Rinder vom Besitzer (meist in weniger wilden Gegenden ansässig) kaum je wieder zurückgeholt werden konnten, ebenfalls.

Glen Devon. Ein Tal, ein Berg. Die Straße, die es tatsächlich auch gibt, ist kaum sichtbar. Und doch, welche Vielfalt natürlicher Muster in dieser Landschaft in der Central Region.

Montrose, Grampian. Der Regen ist in Schottland allgegenwärtig und sei es nur in der Ferne. Nicht immer fällt er dann auch dort, wo man gerade geht und steht. Dann denkt man: Die anderen haben es verdient. Und schon bekommt man selbst den ersten Tropfen ab.

Es gibt Szenerien in diesem Land – hier die Trotternish-Halbinsel auf Skye – da wähnt man sich im Nirgendwo, aus der Welt gefallen, und der Wunsch kommt in einem auf: Warum soll man verraten, wo das ist.

Auch Unkraut kann schön aussehen, wenn ein kundiger Fotograf dazwischen ein paar Rinder aufstellt. Wir sind hier bei Gateway of Fleet im Fleet Forst nahe Dumfries.

Hortensien. Manche Pflanzen fallen in Schottland durch die reichlichen Niederschläge beträchtlich größer aus als auf dem europäischen Kontinent. Oder haben alle Schotten den grünen Daumen?

Das Land legt andere Kleider an, nennen die Einheimischen solche Beleuchtungen. Mitunter verändert sich das Licht und damit der Ausdruck der Landschaft innerhalb von Minuten. Reales erscheint plötzlich abstrakt.

Viel Platz ist da. Platz, um zu träumen. Platz für schwere, erschöpfende Arbeit. Platz für Not und stolze Heimatliebe.

In den nordwestlichen Highlands bei Altnaharra. Eine Privatbrücke über den River Mudale. Was läßt sich viel mehr sagen, wenn es einen selbst nie dorthin verschlagen hat!

In den Lowlands bei Crossmichael, Kirche und Friedhof am Loch Ken. Wir sind hier in jener Landschaft, durch die Robert Burns, der Lieblingsdichter der Schotten, häufig geritten sein mag. Dumfries, das Zentrum der Burns-Verehrung, ist nicht weit.

Nächste Seite:

Das Auge eines versteinerten Riesen, der Rumpf eines vorzeitlichen Tiers: der Mensch tut gut, sich hier nur vorübergehend aufzuhalten. Blick auf den Loch Clea bei Stenscholl auf der Isle of Skye.

Manchmal ist das Asphaltband der Straße oder eine Brücke das einzige glaubhafte Indiz, daß je zuvor Menschen in diese entlegene Gegend gekommen sind. Der Paß bei „Rest and be thankfull" ist eine solche Stelle.

Sich hier am Bergkegel des The Storr auf der Isle of Skye zu verlaufen, ist auch noch heute unter Umständen lebensgefährlich. Was kühne Wanderer gegen Ende des 19. Jahrhunderts hier erlebten, lohnt es im Textteil nachzulesen.

Nächste Seite:

Glen Coe, dieser Ortsname – hier der Blick auf den gleichnamigen See – wird für immer mit einem der schaurigen Ereignisse im Konflikt zwischen Schottland und England verbunden sein. 1692 verübten hier englische und schottische Verbände ein Massaker an den Angehörigen des ob seiner Rinderdiebstähle berüchtigten Macdonald-Clans.

Auch dieses Highland-Rind, hier am Loch Etive, ist nicht sicher davor, zur Ausmerzung des Rinderwahns getötet zu werden, ohne daß seine Steaks die Bratpfannen der Menschen erreichen. Sein mürrischer Blick ist somit recht verständlich.

Die Lowlands – Zärtliches Hügelland, prächtige Gärten, kleine Landstädte und zwei Dichter

Die Lowlands: das ist das Land südlich der Linie Glasgow – Edinburgh und den Cheviot-Bergen. Sehr zu unrecht ist dem Touristen über lange Jahre hin immer geraten worden, hier einfach durchzufahren, denn Schottland, das seien doch die Highlands.

Viele Fremde meinen somit, Schottland beginne erst hinter Glasgow. Sie verpassen so einige der schönsten und geschichtsträchtigsten Landschaften. In Jedburgh beispielsweise, der ersten schottischen Stadt jenseits der Grenze von Carter Bar, stößt man auf das Haus, von dem aus Maria Stuart mit ihrer Hofdame Mary Fleming nach Hermitage Castle zu ihrem Geliebten Bothwell aufbrach. Durch die Einsamkeit der Hügel, über Swinnie Moor in das Tal des Rule Water gegen Windburgh Hill, wo man angeblich nachts oft Feenmusik hörte, ritt sie in einer Oktobernacht, kroch dann – so vermutet man – unter die Rehfelle auf Bothwells hartem Lager und machte noch einmal in derselben Nacht den Weg zurück nach Jedburgh, wo sie durchnäßt und elend ankam, erkrankte und fast starb.

Galloway Forest spielte im Kampf Schottlands um seine Eigenständigkeit eine wichtige Rolle. Hier schlug 1307 Robert the Bruce, der sich damals auf der Flucht befand, mit einer kleinen Schar von Anhängern die überlegenen englischen Streitkräfte. Schloß Culzean an der Westküste sollte man besuchen, nicht nur wegen der phantastischen Aussicht auf den Firth of Clyde, wegen der „walled gardens", und weil es eines der Meisterwerke des berühmten schottischen Architekten Robert Adam darstellt, sondern auch, weil hier die schottische Version des Blaubart-Märchens spielt.

Oder nehmen wir das vielleicht schönste schottische Märchen, die Geschichte von Tam Lin, den die Feen entführen und den seine Liebste Jane am Halloweentag auf dem Kreuzweg erlöst. Das Gehöft Carterhaugh hat sich bis in unsere Tage in den Lowlands erhalten. Es gäbe noch hundert Beispiele mehr für die Behauptung, daß, wer die Lowlands nicht kennt, nur das halbe Schottland kennt.

Schlechter Ruf, guter Fisch und Schottland schreibt sich North Britain

Der schlechte Ruf der Lowlands ist alt. Celia Fiennes, eine furchtlose Reisende um 1680, schreibt in ihren Memoiren beim Erreichen dieses Landstriches, sie habe genug abschreckende Berichte gelesen, die alle nahelegten, nicht weiter nach Norden vorzudringen. Nichts anderes sei möglich, als dort von einem Adelssitz zum nächsten zu springen,

...alles Häuser, die nahezu Burgen sind, und auf denen sie im großen Stil, aber sehr unordentlich leben ... man wagt kaum zu essen, was einem da vorgesetzt wird.

Den Grund dafür sieht sie in der Faulheit des Adels, „denn ich sehe sie dasitzen und ständig nichts tun". Was ihr gefiel, war der Fisch dort, sie kaufte davon, nahm ihn aber zur Zubereitung mit zurück nach England. (Hoffentlich, geht es dem Autor durch den Kopf, während er dies nachliest, war der Fisch eingesalzen oder geräuchert!) „Heute", so erklärt Peter Maxwell Stuart, der 20. Laird of Traquair, zur Ehrenrettung seiner Standesgenossen, „ist bei Eyemouth an der Küste über Berwick die Qualität des Fisches so gut, daß dieser ständig in die USA und nach Europa, vorwiegend aber nach Barcelona in Spanien, exportiert wird."
Selbst nach der Union zwischen England und Schottland 1707 waren die Beziehungen zwischen dem Adel auf beiden Seiten der Grenze alles andere als freundschaftlich. Im Norden haßte man die Engländer oder mißtraute ihnen, im Süden vice versa. Englische Reisende, die den Süden Schottlands betraten, fühlten sich mutig, weil im feindlichen Ausland. Schottland insgesamt galt als North Britain, und dies wurde selbst in Traquair an der Grenze bis in die zwanziger Jahre unseres Jahrhunderts durch den Zusatz NB auf dem Schreibpapier der dortigen Adelsfamilien hervorgehoben.

Eine andere Welt, eine andere Sprache, und ein Schäfer will nicht nach London

Freilich sind die Lowlands, wenn man sie von England her betritt, eine „etwas andere Welt", deren Menschen das Scottish Tourist Board als „freundlich, gastlich, aber wildwütig auf ihre Unabhängigkeit bedacht" charakterisiert. Zudem gilt es nun für den Fremden, eine neue Sprache zu lernen. Statt „shopping" heißt es „messages", statt „know" „ken", Kartoffeln sind „tatties", Jungen sind „loons".
Aber in die Klagen der Celia Fiennes vermag ich aus heutiger Sicht nicht einzustimmen. Es gibt zwischen der Grenze und Edinburgh die belebte Autobahn, auf der der Fernverkehr von Süden nach Norden und von Norden nach Süden rollt. Zudem im Osten die Durchgangsstraße von Glasgow nach Carlisle, die mit Lastwagenverkehr meist stark belegt ist. Im übrigen aber braucht man nur ein paar Meilen von den großen Verkehrsadern abzuweichen, und man kommt in ein Land, das gegenüber den Highlands einen eher sanften Reiz hat. Worin er liegt, hat der schottische Erziehungswissenschaftler R. F. Makkenzie in seinem Buch „A Search for Scotland" so zu erklären versucht:

Die Region hat eine Einheit des Ortes; sie ist ein Königreich für sich, das jenen, die dort leben, einen harten örtlichen Patriotismus nahelegt. Wir wohnten an der Melrose Road außerhalb von Galashiels und schauten hinüber nach Galafoot, auf den Tweed bei Abbotsford. In der Nähe unseres Hauses gab es eine Plakette an einer Mauer, die daran erinnerte, daß hier Walter Scott, krank auf seiner Reise zurück von Italien, mit einem Freudenschrei aufgesprungen war, als er die Eildon Hills sah. (...)
Eine Frau aus Galashiels sagte mir, immer, wenn sie aus Edinburgh heimfahre, fühle sie sich sicher und geborgen, sobald der Zug die Wasserscheide bei Falsa erklommen habe und es hinunter ins Tal des Gala Water gehe.

Es sei das atavistische Gefühl, wieder in seinem eigenen Land zu sein, das wohl auch die Border-Räuber empfunden hätten, wenn sie von ihren Rinderdiebstählen jenseits der Grenze aus England zurückkamen. Und Mackenzie fügt als Beleg für die Bodenständigkeit und Heimatbezogenheit der Menschen in den Lowlands noch eine andere Anekdote an:
Als James Hogg, der Schäfer aus Ettrick, durch Schreiben Geld zu verdienen trachtete, um sich einen Bauernhof kaufen zu können, plante Walter Scott, um ihm Gönner zu verschaffen, den Bekannten zur Krönung Georgs IV. nach London zu schicken. Der Schäfer lehnte ab; wenn er gereist wäre, hätte er St. Bothwells Fair, ein beliebtes örtliches Volksfest, versäumt. Dort mitzutanzen war im wichtiger.

Ein Land der Kontraste: Ackerland am Forth und am Tweed, bizarre Gebirge wie die Eildon Spitzen, und über den Wäldern von Galloway kreisen Adler

Tatsächlich kommt man hier in einen Landesteil ganz individueller Atmosphäre und höchst unterschiedlicher Landschaften, die vom Meer bzw. dessen oft tief eingeschnittenen Buchten, häufiger noch von lieblichen Flußläufen geprägt werden. Ein merkwürdiges Phänomen ist es, daß eine der markantesten Landschaften in den Lowlands Southern Uplands genannt wird. Erst fährt man durch ganze Staffeln von Hügeln mit abgeplatteten Spitzen, über von Wind und Regen gegerbte Moore mit engen Glens, rasch fließenden Bächen und schwarz-blauen Lochs. Die Uplands erstrecken sich über das ganze mittlere Südschottland. In ihrem Westen liegt das für den von Glasgow kommenden Touristen überraschend auftauchende große Waldgebiet des Galloway Forest Parks mit den höchsten Erhebungen des Südens. Dumfries, eine hübsche Stadt am Fluß Nith, sah den Mord, den Robert the Bruce 1306 in Greyfriars Monastery an seinem Cousin, dem Roten Coyn, beging. Kirkcudbright, früher Besitz des schottischen Königshauses, hat einen kleinen Hafen und war Anfang des Jahrhunderts eine Künstlerkolonie. Beides sind günstige Ausgangspunkte, um den Südwesten kennenzulernen. Von Ardrossan sind wir mit der Fähre auf die Isle of Arran und von dort nach Kintyre übergesetzt. Wieder kommt man in eine andere Welt, in der man verlockt wird, von Insel zu Insel springend, auch noch Gigha, Islay und Jura zu besuchen. Denn hier gerät man immer tiefer in die wohltuende Stille, die einen auch schon auf dem Festland umgibt und sieht sich einer wild-bizarren Natur gegenüber, ähnlich der der Highlands, die man gern als Wanderer näher in Augenschein nehmen möchte. Von der Küste bei Campbelltown aus hebt sich in der Ferne Nordirland als blauer Schatten aus dem Meer. Von Whithorn, im Süden von Galloway, ist es nicht Irland, sondern die Isle of Man, was sich da am Horizont aus dem Dunst schält. Und schließlich finde ich in meiner Erinnerung den Umriß jenes geheimnisvollen Eilands wieder, das man, von Culzean Castle aus gegen Süden blickend, bei einigermaßen klarem Wetter nicht übersehen kann: die Feeninsel, bei deren Anblick man plötzlich begreift, wie die keltische Vorstellung von einer „Anderswelt" entstanden sein mag. Im Norden um Ayr, vor allem in Alloway, wird der Mythos um Robert Burns, als „Erlebnispark" aufbereitet, dem Touristen nahegebracht. In den zentralen Lowlands erblickt man fast überall am Horizont die drei Spitzen der Eildonberge, wie überhaupt in dieser Landschaft die Zeugnisse früherer vulkanischer Tätigkeit nicht zu übersehen sind.

Die „Wiege der Christenheit", schöne Gärten und ein Fort der Pikten

Wieder zurück im Südwesten der Lowlands, erkundeten wir den Rhinns of Galloway und in the Machars eine ganze Anzahl prächtiger Parks und Gärten, die allein den Besuch in dieser Region lohnen. Schließlich liegt dort auch Whithorn, das sich mit einiger Berechtigung „Wiege der Christenheit" nennt und wo der Besucher, dank der umfangreichen Ausgrabungen während der letzten Jahrzehnte, sein Wissen um Schottlands frühe Geschichte erweitern kann. Vor 1500 Jahren, als die römische Herrschaft gerade zusammenbrach, baute St. Ninian, Schottlands erster Heiliger, hier eine Kirche. Sie und der Schrein wurden nach St. Ninians Tod bis zur Reformation zum Zielpunkt von Pilgern aus ganz Nordwesteuropa. Beide standen bei den Einwohnern Northumbrias, bei den christlich gewordenen Wikingern und bei den Schotten selbst, in hohem Ansehen. Eine Kathedrale nahm schließlich die Gebeine des Heiligen auf.

Nicht weit entfernt an der Colvend Küste liegt Rockcliff, wo wir auf einem Hügel, nun von üppiger Vegetation überwuchert, auf ein Dun (Fort) der Pikten stießen, das den Archäologen insofern Rätsel aufgibt, als die Fugen zwischen den Steinmauern aus einer glasartigen Flüssigkeit bestehen, deren Herstellung eine Temperatur von 1150 Grad Celsius voraussetzt.

Im Norden der unwirtlichen Cheviot Hills, die sich quer über die Border hinziehen, liegen im Tal des Tweed eine Reihe schmucker kleiner Landstädte. Hier befand sich zur Zeit der Stuartkönige deren bevorzugtes Jagdgebiet. Am Ufer des Tweed, vor allem in Peeblesshire, erkennt man auf den Höhen immer wieder turmartige Befestigungen, Peels genannt.

Hier lohnt sich ein Besuch in Melrose Abbey und Abbotsford House, dem Herrenhaus, in dem Sir Walter Scott seine historischen Romane schrieb. Östlich von Kelso weitet sich das Tal zum Becken von Merse, und dort liegen eine Reihe von Adelssitzen (Floors Castle, Manderston, Paxton und Mellerstain House), die die berühmteste Architektenfamilie Schottlands, die Adams, mitgestaltet haben.

Durch die Borders reiten „Stahlhauben" und „Moortruppen": ein Land, in dem über zweihundert Jahre hin auch im Frieden Krieg herrschte

Gerade so, wie die Border-Schafe ihre angeblich besonders langfasrige Wolle an Zäunen und Grashalmen als Spuren ihres Weidens zurücklassen, ist die Gegend durch unsichtbare Fäden der Erinnerung mit der Vergangenheit verbunden. Jene Ereignisse, die bis heute am stärksten nachwirken, sind die langen „Grenzkriege", die Ritte der „border reivers" oder „moss troopers", deren Zeugnisse und Orte der Handlung freilich nun auch unter romantischer Verklärung zum Anlocken der Touristen herhalten müssen. Gerade deshalb muß man die geschichtliche Realität kennen, wenn man den Geist dieser Landschaft und das Fühlen und Denken der Menschen, die in ihr leben, verstehen will.

Der Begriff „border" kann leicht mißverstanden werden, da nicht alle Countries der Lowlands an England grenzen. Im Sinn von Verwaltungseinheiten gesprochen, gehören Berwickshire, Roxburgh, Ettrick, Lauderdale und Tweeddale im engeren Sinn zur Border, während weiter im Westen Dumfries und Galloway und das Land am Solway Firth von den Traditionen, die mit ihr im Zusammenhang stehen, weit weniger geprägt sind.

Es waren die Römer, die mit dem Hadrianswall vom Solway Firth über Carlisle nach Newcastle im Osten im Jahr 123 v. Chr. die erste einschneidende Grenze setzten. Sie liegt außerhalb (südlich) des eigentlichen Schottland. Unter dem Druck der verschiedenen keltischen Stämme zogen sich die Römer schließlich von diesem, ihrem nördlichsten Vorposten zurück. Wichtig ist, daß bei der normannischen Invasion unter Wilhelm dem Eroberer viele Angelsachsen sich nach Norden flüchteten. Darunter auch Prinzessin Margaret, die den schottischen König Malcolm heiratete. 1072 marschierte Wilhelm nach Norden und stellte Malcolm vor die Alternative: Unterwerfung oder Krieg. Zwischen diesen beiden Kontrahenten ging die Auseinandersetzung noch unentschieden aus: Sie starben, ohne daß sich die Lage eindeutig geklärt hätte. Williams Nachfolger Rufus gelang es, den Schotten 1092 Carlisle abzunehmen, Stadt und Burg aufzubauen und mit ihr einen wichtigen englischen Machtfaktor zur Sicherung der Grenze zu schaffen. Es folgte eine Zeit des Friedens zwischen den Nachbarn, die damit endete, daß, Ironie des Schicksals, 1286 König Alexander III. von Schottland von einer Klippe stürzte und starb, weil er es eilig hatte, bei Nacht heim zu seiner schönen Frau zu kommen. Der schottische Thron ging damals auf ein Kind, seine Enkeltochter Margaret, über, die Edward I. von England halb unter Zwang mit seinem Sohn verheiratete. Aber 1290 starb Margaret, und Edward machte seine Marionette Balliol zum Herrscher über Schottland. Da drängte es offenbar beide Seiten zu einer Auseinandersetzung. Die Engländer kassierten schottisches Eigentum im Süden, die Schotten richteten unter englischen Matrosen ein Massaker an. Balliol schlug sich ins schottische Lager, weil er sich in eine schottische Adlige verliebt hatte. Der Krieg begann. Die Schotten kamen über die Grenze und brannten Carlisle nieder. Edward fiel in Schottland ein und tötete bei der Einnahme von Berwick zwischen 7 000 und 8 000 Menschen, nach offizieller Schreibweise „jeden waffentragenden Mann", nach inoffizeller Version auch Frauen und Kinder. Edward schlug das schottische Heer bei Dunbar und brachte den heute noch wichtigen „Stein des Schicksals", die Reliquie der schottischen Königswürde, an sich. Er sicherte sich die Unterstützung der schottischen Großgrundbesitzer und der Kirchenmänner und ließ einen ältlichen, inkompetenten Gouverneur zurück.

Schottland – ein Land leicht zu besiegen, schwer zu beherrschen

Danach erlebte Edward, was seitdem viele englische Herrscher und Politiker erlebt haben: es ist leichter, Schottland zu besiegen als es tatsächlich auch zu beherrschen. Die Unzufriedenheit mit der englischen Verwaltung ausnutzend, stellte William Wallace, Sohn eines Adligen aus Renfrewshire, eine Armee aus Fußvolk zusammen, die im September 1297 die aus Bogenschützen und Kavallerieverbänden bestehenden englischen Truppen bei der Überquerung des Forth bei Stirling entscheidend schlugen. Zwar wurde dieser schottische Volksaufstand 1298 niedergeworfen. Wallace wurde gefangengenommen und 1296 in London wegen Hochverrats verurteilt, enthauptet, sein Leichnam gevierteilt, Teile in Newcastle, Berwick, Stirling und Perth zur Abschreckung öffentlich ausgestellt, während der Kopf London Bridge zierte. Doch schon 1314, unter seinem Enkel Robert the Bruce, der 1306 in Scones zum schottischen König gekrönt worden war, regte sich der schottische Widerstand abermals. Bei Bannockburn wurden die Engländer geschlagen, aber Bruce, der keine Reiterei besaß, konnte ihnen nicht nachsetzen.

Es war in dieser Epoche, daß sich im Land nördlich und südlich der Grenze eine nun lange gültige Lebensform mit eigenen Verhaltensmustern abzeichnte. George MacDonald Fraser beschreibt es so:

Das Ergebnis war nicht nur eine Guerilla Kriegführung, sondern eine Guerilla Lebensweise. In Zeiten des Krieges wurden die gewöhnlichen Einwohner des Grenzlandes nahezu Nomaden, sie lernten es, sich einer nicht-seßhaften Lebensweise anzupassen, Ernten in kürzester Zeit einzubringen und sich mit dem Vieh zu verpflegen, das sie vor sich hertrieben. Sie konnten sich innerhalb von Stunden ein Heim aufbauen und kannten kein Bedauern, wenn sie es wieder aufgeben mußten, sie legten große Entfernungen rasch zurück und lernten es, den nötigen Proviant durch Plünderungen zu beschaffen. Zu alldem waren sie gezwungen, während die englischen und schottischen Armeen im Land brandschatzend und plündernd umhermarschierten, zu rauben, was es noch zu rauben gab. So lebten sie, sobald Krieg ausbrach, während der nächsten zweieinhalb Jahrhunderte.

Für den durchschnittlichen Einwohner der „Borders" bestand zwischen Krieg und Frieden kein großer Unterschied. Die besondere Eigenart an den anglo-schottischen Kriegen bestand darin, daß keiner sie je gewann und sie jederzeit wieder ausbrechen konnten. Es lohnte sich für die Leute einfach nicht, sich irgendwo fest niederzulassen, selbst nicht im sogenannten Frieden. Wozu auch, wenn man Gefahr lief, daß die Ernten noch auf dem Halm verbrannt wurden? Warum sich ein Haus bauen, wenn es einem schon nächste Woche angesteckt werden konnte? Warum Kinder ein friedliches Gewerbe lernen lassen, wenn sie in einer Gesellschaft aufwuchsen, die im Grunde von Raub und Verderben lebte? Natürlich nahm unter solchen Umständen der nationale Haß ständig zu. Und immer war das jeweils andere Land an allem schuld, und es war ganz selbstverständlich, daß man berechtigt war, Rache zu nehmen.

Verschärft wurde die allgemeine Unsicherheit noch dadurch, daß beide Regierungen sich offiziell über die Untaten empörten, aber gleichzeitig das Bestehen mobiler Kampfverbände für ihre Zwecke nutzten.

Eine Gesellschaft nomadisierender Räuber: gewalttätig und geübt, die Spuren zu verwischen

Unter den sogenannten „reivers" (Räuber, Plünderer) ritten Adlige und Landarbeiter mit, einige waren lediglich Räuber, andere teilten ihre Zeit zwischen Arbeit in der Landwirtschaft und den Räubereien. Häufig fanden sich ganze Großfamilien in den Räuberhaufen zusammen. Unter den Trupps aus Liddesdale tauchen die Namen der Elliots, Armstrongs und Nixons immer wieder auf, unter denen aus Tynedale waren die Charltons, Dodds, Milburns und Robsons ständig vertreten. MacDonald Fraser stellt fest:

Offensichtlich kannten die Raubzügler einander, die selben Leute ritten immer zusammen, und es gibt Hinweise auf eine ausgeprägte professionelle Loyalität, ob man nun der selben Familie angehört oder nicht. Das berufliche Band spannte sich oft auch über die Grenze hinweg, Engländer ritten in schottischen Trupps mit und umgekehrt.
Die Raubzüge begannen meist mit einen „tryst", einem Rendezvous, an dem über die letzten Einzelheiten und die Ziele beraten wurden. Dann ging's ins Feindesland, man stahl Getreide oder Vieh, machte mit der Beute sofort kehrt, um möglichst noch in der selben Nacht wieder zur eigenen Familie zu stoßen. Zum Anführer brachte es, wer besonders sichere Wege durch die Wildnis oder Verstecke kannte, in die man sich samt der Großfamilie und der Beute verkroch und für eine Weile unsichtbar blieb.

Ein elisabethanischer Chronist, William Camden, schreibt:

Sie (die reivers) sind so schlau, daß man ihnen selten ihre Beute abnehmen kann ..., daß sie in die Hände ihrer Feinde fallen, geschieht höchstens dann, wenn man mit Hilfe von Bluthunden genau ihre Spur verfolgt. Wenn man sie gefangen nimmt, besitzen sie so große Eloquenz, die Worte gehen ihnen glatt über die Lippen, daß sie, wenn sie schon ihre Richter nicht veranlassen können, Gnade walten zu lassen, so doch selbst ihren Gegnern Bewunderung und Anteilnahme abnötigen.

Die Ritte der „reivers" hielten bis in die Regierungszeit James I. bzw. VI., König von England und Schottland, des Sohnes von Maria Stuart, an. Die Beamten, die er ernannte, um die Borders zu befrieden, gingen hart vor, und die damals begangenen Greueltaten sollen nicht beschönigt werden. Immerhin kann man George MacDonald Fraser wohl zustimmen, der schreibt:

Abermals muß man das, was da geschah, im größeren Zusammenhang betrachten. James war entschlossen, aus einem zweigeteilten Land eines zu machen, die alten Streitigkeiten zu begraben und den Frieden herzustellen. Es war nicht seine Art, dabei übermäßig friedfertig oder geduldig vorzugehen. Wer die Borders und ihre Geschichte kennt, wird ihn dafür nicht nur tadeln ... es ist richtig, daß man mit den „Border-Reitern" harsch verfuhr, aber man muß dazu auch sagen, daß sie ihrerseits nicht zimperlich gewesen waren. Ohne Zweifel kam es bei der Befriedung der „borders" zu Ungerechtigkeiten und Ausschreitungen, aber indem man das feststellt, werden die Opfer nicht edler.

Interessant ist in diesem Zusammenhang die mit Ironie getränkte Äußerung Alastair M. Dunnetts, eines Highlanders unserer Tage:

Zusammen mit meinem Clan und meiner Verwandtschaft habe ich von der Geschichte her Grund genug, den borders und ihren Bewohnern dankbar zu sein. Für viele Jahrhunderte hielten sie uns die ständig anrennenden Engländer vom Leib oder beschränkten ihr Vordringen auf den Süden von Schottland. So konnten wir im Norden und Westen weiter unsere kleinen Clanfehden und Gefechte austragen und immerhin für kurze Zeit ein unsicheres jacobitisches Königreich errichten. Indem sie wie die Israeliten der alten Zeit so verfuhren, entwickelten die reivers sich zu einer kämpfenden Macht, deren Ruhm, was immer ihre eigenen Forderungen gewesen sein mögen, selbst ihre bittersten Feinde nicht bestritten.

Hier ist von Ruhm und Ehre die Rede, aber man muß dann auch die katastrophalen Folgen der Raubzüge und Brandschatzung an der Grenze erwähnen.

Vier Klöster gehen in einem Jahr in Flammen auf. Eine Stadt verschwindet von der Landkarte

Allein während der Invasion der Engländer 1544 – 1545 wurden vier der großartigsten königlichen Abteien, nämlich Kelso, Jedburgh, Melrose und Dryburgh, zerstört, Gebäude, so eindrucksvoll in ihrer architektonischen Gestaltung, daß Scharen von Touristen noch heute die Ruinen besuchen.
Die Stadt Kelso wurde wieder aufgebaut, nicht so die Abtei. Abteien abzufackeln hatte Tradition. Der englische König Richard II. verbrachte eine Nacht in Melrose, am nächsten Tag hatte er schlechte Laune, weil seine Invasionspläne sich als undurchführbar erwiesen hatten. Also verbrachte er den Nachmittag damit, die Abtei niederbrennen zu lassen. Viele Jagdschlösser schottischer Könige lagen im Bereich der Border. Von Zeit zu Zeit nahmen die englischen Herrscher auf den Feldzügen solche Residenzen ein und bewohnten sie mit ihrem Hofstaat. Ehe sie abzogen, steckten sie sie meist in Brand, damit die andere Seite darin nicht Winterquartier nehmen konnte. Dies gilt beispielsweise für Roxburgh, einst die viertwichtigste und bevölkerungsreichste Stadt Schottlands. Ein schottischer König heiratete dort, ein anderer wurde dort geboren, ein dritter kam in Roxburgh um's Leben. Danach wechselte die Stadt so häufig den Besitzer, daß schließlich Stadt und Schloß von der Landkarte verschwanden und es heute dort nur ein paar grasüberwucherte Steine gibt.
Die Lowlands haben eine ganze Anzahl kulturgeschichtlich interessanter Persönlichkeiten hervorgebracht. Da wären beispielsweise Mungo Park, der Afrikaforscher, oder William Chambers, der Verleger und Historiker. Erwähnt werden soll noch einmal James Hogg, der Schäfer, der auf einer Farm bei Yarros aufwuchs. Sein Buch „Confessions of a Justified Sinner" ist in den letzten Jahrzehnten zu neuen Ehren gelangt, vor allem freilich als eine Art folkloristisches Dokument. Schon der Titel weist auf den großen Einfluß der Kirche nach der Reformation in Schottland hin, der sich – und meist als Kritik – in den Werken fast aller schottischen Autoren spiegelt. Es wird im Zusammenhang mit Leben und Werk von Robert Burns, der wegen Mißachtung des von der Kirche erzwungenen Moralkodex' sogar mit einer Kirchenstrafe belegt wurde, noch ausführlicher davon zu reden sein.

Abbotsford: Walter Scotts Romanze in Stein oder der Erfinder des historischen Romans erfindet sich eine pittoreske Residenz

Zweifellos der bekannteste und erfolgreichste Dichter Schottlands war Walter Scott (1771 – 1832). Er stammte aus einer gutbürgerlichen Familie in Edinburgh, erkrankte als Kind an Polio und zog seitdem ein Bein nach. Um den Jungen zu kräftigen, schickten ihn die Eltern auf den Bauernhof des Großvaters nach Smailholm in Selkirkshire. Dort sog er offenbar die Geschichte und Folklore der Borders in sich auf. In Edinburgh studierte er Jura, übernahm eine juristische Beamtenstelle, aber sein Interesse galt weiterhin seiner Wahlheimat.

Im letzten Jahrzehnt des 18. Jahrhunderts transkribierte er Hunderte von alten Balladen, die er 1802 in drei Bänden unter dem Titel „Minstrely of the Scottish Border" vorlegte. 1814 erschien dann zunächst anonym Scotts erster Roman „Waverly". Er wurde in den folgenden drei Jahren nicht weniger als sieben Mal aufgelegt und trat seinen Siegeszug durch ganz Europa an. Bis 1829 waren elftausend Exemplare verkauft. Schon 1822 hatte Heinrich Heine aus Berlin gemeldet: „Von der Gräfin bis zum Nähmädchen, vom Grafen bis zum Laufjungen lesen alle die Romane des großen Schotten. „Waverly" – es handelt sich um eine ganze Folge von Büchern – begründete nicht nur das Genre des historischen Romans, es setzt überhaupt in der Literatur einen neuen Akzent. Mit Scotts eigenen Worten: „Sollen es ruhig alle wissen – ich schreibe zum allgemeinen Amusement." Literatur soll nun nicht mehr vor allem belehren, sondern unterhalten, die Phantasie anregen, von den Alltagssorgen ablenken. Damit verändert sich auch die Leserschaft. Es sind nun nicht länger die 20 000 Angehörigen der höheren Klassen Britanniens, sondern 200 000 Angehörige der Mittel- und Unterschicht. An dieser Erweiterung des Lesepublikums haben Scotts Romane entscheidenden Anteil.

Im Grunde ist Scott der Erfinder des modernen Bestsellers. Trivialroman, Tragödie, Roman und Komödie werden in der Handlung gemischt. Auf Vielfalt und Kontrast kommt es an. Das Schlüsselwort ist das Pittoreske oder Malerische, das Uvedale Price (1747 – 1829) als „Rauheit und plötzlichen Wechsel" definiert. Der Autor selbst unterscheidet zwischen dem von einem pittoresken Gegenstand ausgelösten Erregungszustand der Phantasie und den malerischen Qualitäten eines solchen Gegenstandes.

Scott war inzwischen Advokat, Sheriff-Deputy von Selkirk und Clerk des Court of Session in Edinburgh geworden. Aus seiner Balladensammlung und den Romanen waren ihm beträchtliche Einkünfte zugeflossen.

1812 erwarb er ein Bauernhaus am River Tweed und begann auf dem Grundstück mit dem Bau einer schottischen Burg im Neo-Baronal-Stil, einem Gebäude mit rechteckigen Sprossenfenstern, Wasserschlägen, Ecktürmchen, Erkern, Stufengiebeln und Mauervorsprüngen. Allerdings wird diese Stilgeste im Fall von Abbotsford noch dadurch verändert, daß das Gebäude auch etwas von einem bürgerlichen Stadthaus hat.

Begeisterung für den Kilt, Scott schreibt an Goethe, und Blut ist ein besonderer Saft

1827 heißt es in einem Brief von Scott an Goethe:

Ich bewohne ein stattliches altes Schloß, in welchem jeder Freund Goethes zu jeder Zeit willkommen sein wird. Die Vorhalle ist mit Rüstungen angefüllt, die selbst für Jagsthausen (den Wohnsitz Götz von Berlichingens; Scott hat Goethes „Götz" ins Englische übersetzt) gepaßt hätten. Ein großer Schweißhund bewacht den Eingang.

Nun, alt war das Schloß, wie wir gehört haben, keineswegs, und die erwähnte Vorhalle ist eine Orgie an historischem Kitsch. Ich erinnere mich an einen Trinkbecher des Bonnie Prince Charlie, einen Handschuh Maria Stuarts, eine Haarlocke Wellingtons, an Abgüsse der Totenschädel von Robert Bruce und eines bei Waterloo gefallenen Gardisten. Kurz, Kopien, Reliquien und Souvenirs spielen in Scotts Haus eine dominierende Rolle. Wie dies im Hinlick auf die Persönlichkeit des Dichters zu deuten wäre, mag dahingestellt bleiben. Doch eben dieser Vergangenheitswahn, der zwischen Attitüden von Richard Wagner und Karl May changiert, hatte seine Auswirkungen auf das bis dahin gestörte Verhältnis von England und Schottland, heilte zumindest teilweise und vordergründig die alte Erbfeindschaft. Daß Georg IV. aus dem Haus Hannover, als er 1822 Edinburgh besuchte, wie ein echter Highlander gekleidet war und dies in Schottland eine Welle der Sympathie auslöste, ist nicht zuletzt Scotts Verdienst. Selbst ein loyaler „Hannoveraner", trauerte Scott in seinen Romanen den Jakobitern und ihrer Symbolgestalt Bonnie Prince Charlie nach, und wenn Scott persönlich auch den mit der ersten industriellen Revolution einhergehenden Aufschwung begrüßte, beklagte er doch gleichzeitig in seinen Romanen den Untergang alter feudaler Bindungen und pries die Überlegenheit der alten Helden gegenüber den blassen Figuren des bürgerlichen Zeitalters. Dieser Spagat der Phantasie leitete in Europa eine auf fragwürdigen Wunschbildern und Vorstellungen beruhende, viktorianisch gefärbte Schottland-Begeisterung ein, die zwischen 1842 und 1852 ihre offizielle Sanktionierung erfuhr. 1842 besuchte die englische Königin Victoria zum ersten Mal Schottland und war von dessen Landschaften beeindruckt. Bis 1848, als Prince Albert den Großgrundbesitz von Balmoral zunächst anmietete, hatte Victoria Düsternis und Regenwetter der Westküste den warmen Sommern in Aberdeenshire vorgezogen.

Jedes Jahr, schrieb sie, wird mein Herz mehr fixiert auf dieses mir so liebe Paradies und dies umso stärker, da Balmoral die ureigene Schöpfung meines lieben Albert ist.

1853 war der Umbau von Balmoral – eben nach Plänen des Prinzgemahls – abgeschlossen. Dies war ein Jahr vor jenem Ereignis im Krimkrieg, das als „die dünne rote Linie" berühmt oder berüchtigt wurde. Die russische Kavallerie griff in der Schlacht von Balaclava das 93. Bataillon der Sutherland Highlanders an. Sir Colin Campbell hatte zuvor an seine Männer den Befehl ausgegeben: „Von hier gibt es kein Zurück. Ihr habt zu sterben, wo ihr steht!" Worauf die Mannschaften geantwortet haben sollen: „Ja, ja, Sir Colin, wenn es nötig ist, sei es so!" Der Vorfall gilt als eines der zahlreichen Ruhmesblätter in der schottischen Militärgeschichte. Der Leser ist aufgefordert, diese drei eben besprochenen Ereignisse gewissermaßen in einer phantastischen Collage zu überblenden: Scotts Waverley-Romane, den Umbau des Schlosses Balmoral und die dünne rote Linie von Balaclava.

Sir Walter Scotts guter Rat: "Und willst du des Zaubers sicher sein, so besuche Melros' im Mondenschein"

Die vollständige Besuchsanweisung Scotts für Melrose Abbey, in der Nachbarschaft von Abbotsford gelegen, von Theodor Fontane in deutsche Reime übersetzt, lautet so:

Und willst du des Zaubers sicher sein,
So besuche Melros' im Mondenschein;
Die gold'ne Sonne, des Tages Licht,
Sie passen zu seinen Trümmern nicht.
Wenn die Bögen und Nischen im Schatten stehn,
Die Ecken und Pfeiler wie Silber sehn,
Wenn das weiße, kalte, zitternde Licht
Um den Mittelturm seine Girlanden flicht,
Wenn die Strebepfeiler sich wechselnd reihn,
Halb Ebenholz, halb Elfenbein,
Wenn's schneeig auf allen Gräbern liegt,
Und die weißen Figuren noch weißer umschmiegt,
Wenn das Rauschen des Tweed, weitab gehört,
Wie Summen die nächtige Stille stört,
Ja, dann tritt ein; bei Mondenschein
Besuche Melros' und – tu' es allein.

Selbst wenn man nicht, wie Scott das offenbar häufig tat, die Möglichkeit hat, die Abtei des Nachts zu besuchen, sondern bei Tag mit dem Bus anreist, teilt sich einem immer noch etwas von der starken spirituellen Ausstrahlung dieser Ruinen mit. Im übrigen gehört Melrose zu jenen Klöstern, die seinerzeit zur endgültigen Verdrängung des gälischen Katholizismus durch den romtreuen gegründet wurden.

Ich gebe zur Beschreibung der Umgebung und der Geschichte der Abtei noch einmal Fontane das Wort. Wenn man mit seinen „Bildern und Briefen" in der Hand durch Schottland reist, empfindet man immer wieder Achtung gegenüber diesem poetischen Journalisten, der zu Melrose schreibt:

Das Tweed-Tal gilt an dieser Stelle für außerordentlich fruchtbar, und um so mehr muß es überraschen, daß das Wort Melrose nicht „Honigrose" (wie man angesichts so üppiger Landschaft glauben sollte), sondern „Kahlenberg" bedeutet. Die alte Schreibart war nämlich ‚Mullross", ein gälisches Wort, das etwa „unfruchtbares Vorgebirge" meint und sich auf der Insel Mull in richtiger Form erhalten hat, wo die südliche Felsenöde der Insel den Namen „Ross of Mull" oder „Mullross'"führt.

Über die Geschichte der Abtei notiert Fontane dies:

Melrose-Abbey ward zwischen 1136 und 1146 vom König David I. gegründet, also ungefähr um dieselbe Zeit, wo die Abtei von Holyrood errichtet wurde. Melrose war ein Zisterzienser-Kloster und größer, reicher, schöner als irgendeine andere Abtei im Land. Drei große Feinde indes haben an der Zestörung dieses Baudenkmals gearbeitet: die Kriege, das Puritanertum und der Vandalismus der letzten Jahrhunderte. Melrose-Abbey wurde zu einem Steinbruch, dessen Wände und Pfeiler man zerschlug, um nachbarliche Stallgebäude auszuführen. Aber auch unter den Ruinen des Landes ist sie die schönste geblieben.

Was mich bei den Fontaneschen Notizen immer wieder fasziniert, ist, daß er stets der Sache auf den Grund geht. Zu der Geschichtszahl oder dem Namen einer geschichtlichen Persönlichkeit erzählt er das Ereignis selbst, den wichtigen Lebensaugenblick. Er behauptet nicht nur etwas sei schön, sondern versucht auch zu ergründen, warum.

Kein Teil des Gebäudes, der nicht schwere Schädigungen erfahren hätte; vieles fehlt, einzelnes ist verunstaltet, nichtsdestoweniger bietet sich dem Auge, neben der Schönheit der Proportionen, noch eine solche Fülle wohlerhaltener Einzelheiten dar, daß es weder eines besonderen Geschicks noch einer besonders lebhaften Phantasie bedarf, sich die Ruine wieder als ein Ganzes zu denken und aufzubauen.
Ich mag nicht bei den Einzelheiten verweilen, nicht die Portale und Nischen, die Simse und Friese beschreiben, selbst die besonders berühmten Fenster nicht, die sich in mächtiger Breite im Chor und über dem Südportal erheben; ich begnüge mich mit der Erklärung, daß diese Ruine zu jenen großartigen Schönheitswundern gehört, die einmal gesehen und in sich aufgenommen, nicht wieder vergessen werden. Sie ist nicht nur unter den schottischen, sondern überhaupt unter allen Ruinen, die ich kennengelernt habe, durchaus die schönste und fesselndste. Worin ihr besonderer Zauber besteht, ist schwer zu sagen. Lage, Material (ein feinkörniger rotgrauer Sandstein), imposante Dimensionen, historische Erinnerungen und Reichtum und Eleganz des Details (wovon auch ein flüchtiger Blick schon überzeugen kann) wirken zusammen; den Ausschlag aber gibt wohl jene rätselhafte Schönheitslinie, die man an ihrer Wirkung eher erkennt als Auge oder Urteil sie nachzuweisen vermögen.

Mir selbst kam, während ich auf dem Kirchhof und in der Kirchenruine umherging, die Vorstellung, das ganze Ensemble müsse einen stark prägenden Eindruck auf Scotts Typus des historischen Romans gehabt haben.
Fontane erwähnt nicht das besondere Kuriosum der „Plastik am Bau“, ein Dudelsack spielendes Schwein, statt dessen hebt er ein anderes Ornament, „die krausen Blätter des schottischen Grünkohls“, besonders hervor.

Dieser Grünkohl, schreibt er weiter, gemeinhin Scotch kail genannt, muß entweder auf melrosem Grund und Boden in ganz besonderer Vortrefflichkeit gediehen sein oder irgendwelche mysteriösen Beziehungen zur Abtei gehabt haben, da noch ein altes Volks- und Spottlied existiert, worin es von den Melroser Mönchen heißt:

Und sie hatten vom besten schottischen Kohl
Alle Freitag auf ihrem Teller,
Und taten an Braten und Bier sich wohl
Aus ihres Nachbarn Keller.

Heute speist man in den zahlreichen Restaurants für Touristen um die Abtei wohl eher Käse- und Schinken-Sandwiches. Man labt sich am Tee oder am guten schottischen Ale. Der Andenkenkitsch blüht. Die „Wolltempel“ machen gute Umsätze. Man könnte fast meinen, manche Leute kämen nicht so sehr wegen der schönen Ruine, sondern um den Kitsch zu kaufen. Schade, denn Melrose ist schön.

Robert Burns: wie gut, daß es Tam o'Shanter gibt oder die Leiden eines dichtenden Pachtbauern aus den Lowlands

Robert Burns: Schotten in aller Welt begehen seinen Geburtstag am 25. Januar 1779 als eine Art Nationalfeiertag. Er kam als ältestes von fünf Kindern eines armen Kleinbauern in Alloway zur Welt. Nachdem seine Eltern durch das gnadenlose Pachtsystem ruiniert worden waren, starb der Vater. Robert wurde Familienoberhaupt, und man siedelte nach Mossgiel nahe Mauchline über. Hier begann der junge Mann seine ersten Gedichte zu schreiben, die 1786 unter dem Titel „Poems Chiefly in Scottish Dialect“ in Kilmarnock herauskamen und bald nicht nur die einfachen Leute begeisterten, sondern auch in den Salons der Hauptstadt Furore machten. Andere Gedichte Burns' zielten gegen die Kirchenstrafe bei Unzucht, der er selbst auch ausgesetzt gewesen war. Den Winter 1786/87 verbrachte er als gefeiertes Naturgenie in Edinburgh. Er heiratete schließlich Jean Armour, durch deren Schwängerung er sich seinerzeit die Kirchenstrafe zugezogen hatte, und übersiedelte nach Ellisland Farm in der Nähe von Dumfries. 1781 wurde er als Zollbeamter angestellt, konnte die Landwirtschaft aufgeben und nach Dumfries selbst ziehen. Durch seine Arbeit als Junge auf dem Pachtbauernhof seines Vaters hatte er sich Rheuma und eine Herzschwäche zugezogen. Er starb am 21. Juli 1796 mit erst 37 Jahren in Dumfries.
In Alloway ist heute die Hütte, in der er geboren wurde – und die kurz nach der Geburt erst einmal einstürzte – als Museum artig hergerichtet. In Alloway gibt es auch eine Burns Heritage Trail, das „Tam o'Shanter“-Experience, eine Multimedia-Show seiner bekanntesten Balladen und das schrecklich ehrwürdige und daher unpassende Burns-Denkmal in Form eines georgianischen Tempels. Wow! Schöner ist die einfache Alloway Church ohne Dach, wo Tam, der Held der Ballade, den Hexensabbatt beobachtete, nachdem er angetrunken von Ayr herübergeritten war: „Alloway's auld and haunted kirk“ und der sie umgebende Friedhof wie auch die Brig o'Doon spiegeln noch heute den Geist Burnsscher Lyrik. Deren Eigenart besteht in einer verwegenen Mischung aus Rustikal-Drastischem-Volkstümlichem, in sensiblen, ins Metaphysische zielenden Reaktionen auf die Dinge des Alltags. Hinzu kommen sozialkritisches Engagement, ein unbändiger Freiheitswille, ein grotesker Witz und die der Verbreitung seiner Werke über Schottland hinaus eher hinderliche Benutzung der heimatlichen Sprache. Gewiß, manches an der Selbstdarstellung als unbelesener Naturpoet ist Pose. So ungebildet, wie er sich zur Herstellung eines der Anerkennung durch die „Gebildeten“ in Edinburgh dienlichen Images gab, war Burns nicht. Es ist im Gegenteil erstaunlich, welchen Bildungsdrang arme Pachtbauern damals hatten, und daß sie ihn in gewissen Grenzen auch verwirklichen konnten.
Bezeichnend für die Festschreibung eines musealen Burnsbildes in Schottland selbst ist, daß die trotz partieller Ungenauigkeiten so anschauliche Biographie „The Life of Robert Burns“ von der aus Glasgow stammenden Catherine Carswell (1879 – 1946) nach einem teilweisen Vorabdruck im „Daily Record“ als Buchausgabe zunächst nicht erscheinen konnte. Man wähnte durch die freizügige Darstellung von Burns Liebesleben das Andenken an den Dichter und das Ansehen Schottlands beschmutzt.
Ein „potentes Symbol schottischen Seins“ sei Burns, heißt es in einem Reiseführer. Das ist eine fast zu griffige Formel, aber gar nicht mal so falsch. Mit Leben und Werk dieses Mannes kann man viel über Schottland zur Zeit der großen Revolution in Erfahrung bringen.
Die Schotten zitieren Burns wie die Bibel, um ein Argument zu unterstreichen, oder auch als prägnanten Kommentar zu Ereignissen des Alltags. So etwa, wenn sie jene Zeile aus dem Gedicht „ An eine Maus, die er mit ihrem Neste aufgepflügt hatte“ in ihre Rede einflechten, die da lautet: „The best-laid schemes o' Mice an' Men / Gang aft a-gley.“ (Gleichgültig, ob man Mensch oder Maus ist, die am sorgfältigsten ausgedachten Pläne gehen oft schief.)
Auch daß heute Burns' „Auld Lang Syne“ als Volkslied oder gar als die Nationalhymne Schottlands betrachtet wird, belegt: Burns ist Schottland, und vieles von der Eigenart dieses Landes findet sich in Charakter und Werk dieses Mannes wieder.

Crossraguel Abbey bei Maybole, Strathclyde, in der Nähe des Weilers Kirkowald. Ihre Äbte waren im frühen 16. Jahrhundert auch mächtige weltliche Herren.

Sweetheart Abbey in Galloway wurde 1273 von Zisterziensern gegründet. Der Name rührt von einer Devorgulla de Ballrol her, die das einbalsamierte Herz ihres verstorbenen Ehemanns, der hier beerdigt wurde, 16 Jahre mit sich herumgetragen haben soll.

Nächste Seite:

Dunnottar Castle bei Stonehaven, Grampian. Eine Befestigungsanlage aus dem 9. Jahrhundert. 1297 brannte Wiliam Wallace die Garnison der Engländer nieder. In unseren Tagen war die Ruine Drehort von Zeffirellis Verfilmung des Hamlet-Stoffes.

Kyle of Tongue und Bharraid Castle, nordwestliche Highlands. Ein Stützpunkt der Nordmänner im 11. Jahrhundert. 1746 Schauplatz eines Seegefechtes, das das Schicksal der von Bonnie Prince Charlie angeführten Rebellen endgültig besiegelte.

Castle Tioram bei Dorlin im nordwestlichen Hochland, auf einem felsigen Vorgebirge in der Mitte eines Lochs gelegen, ist die Feste aus dem 13. Jahrhundert, deren gälischer Name „trocknes Land" bedeutet.

Duntrune Castle in Argyll. Wer mag hier gehaust haben? Von manchen Burgen weiß nicht einmal die örtliche Überlieferung den Erbauer und wann sie zerstört wurden. Neben Erinnerung kennt dieses Land auch Vergessen.

Eilean Donan Castle wurde 1930 von dem heutigen Besitzer, der Familie MacLean, wieder instand gesetzt. Teile des Films „The Highlander“ wurden hier gedreht.

Noch einmal Eilean Donan Castle, das am häufigsten fotografierte Schloß des Landes. Es beherrschte den strategisch wichtigen Zusammenfluß von Loch Aish, Long und Duich. Es wurde im 12. Jahrhundert zum Schutz gegen die Wikinger errichtet.

Inveraray Castle. Besitztum des mit England verbündeten Clans der Campbells. Die Architektur erinnert an die der Loire-Schlösser in Frankreich. Das Schloß beherbergt heute ein sehenswertes Museum.

Castle Stalker in Argyll schaut auf das fruchtbare Land von Lismore am Loch Linnhe. Erbaut unter James IV., ist seine Umgebung der Schauplatz des Appin Mordes, von dem Robert Louis Stevenson in dem Roman „Kidnapped“ erzählt.

Crossraguel Abbey. Ruinen eines Cluniazenser Klosters aus dem 13. Jahrhundert bei Maybole an der Südküste von Argyllshire.

Dunure Castle. In der Nähe eines kleinen Fischerdorfes gelegen, gelangte die Befestigung dadurch zu trauriger Berühmtheit, daß ihrem Kommandanten 1570 drohte, zu Tode geröstet zu werden, weil er sich geweigert hatte, sie dem 4. Earl von Cassiullis zu übergeben.

Caerlaverock Castle bei Shearinton war die Zwingburg der Maxwells, Earls of Northdale im 13. Jahrhundert.
1638 wurde es von Convenanters, den presbyterianischen Fundamentalisten, erobert.

Kilchum Castle, Strathclyde. Unzählige Ruinen erinnern an die kriegerische Geschichte eines Landes, das sich immer wieder gegen England erhob und oft mit erbarmungsloser Härte von seinem südlichen Nachbarn abgestraft wurde.

Dunbeath Castle. Geburtsort des schottischen Schriftstellers Neill Gunn, dessen bekanntestes Werk „The Silver Darlings“ vom Leben der Heringsfischer an der Nordostküste handelt.

Threave Castle, erbaut von einem Schwarzen Douglas, Archibald dem Grimmen, um 1370. Entschlossen, den Schwarzen Douglas Clan auszurotten, ermordete hier James II. höchst persönlich den 8. Earl nach einem Mittagessen in Stirling und brachte danach dessen Besitztum an sich.